ඉග්නේෂස්

අන්තියෝකියේ ඉග්නේෂස්ගේ ලිපි

Ignatius of Antioch

The Letters of Ignatius of Antioch in Sinhala

2026

පටුන

ඉග්නේෂස් තුමා එපිසවරුන්ට ලියූ හසුන

ආචාර්ය

පියාණන් වන දෙවියන් වහන්සේගේ පූර්ණත්වය තුලින් ශ්‍රේෂ්ඨත්වයෙන් ආශීර්වාද ලත්, සදකාලික හා වෙනස් කළ නොහැකි මහිමය උදෙසා යුගවලට කලින් පූර්වයෙන් නියම කරන ලද්දවූ, පියාණන් වහන්සේගේ සහ අපගේ දෙවියන් වහන්සේ වන ජේසුස් ක්‍රිස්තුන් වහන්සේගේ කැමැත්තෙන් සැබෑ දුක් විඳීමෙන් එක්සත් වී තෝරා ගන්නා ලද, ආශීර්වාද ලැබීමට සුදුසු සභාවක්: ආසියාවේ එපිසයේ සභාවේ ප්‍රතිරූපය වූ ඉග්නේෂස්, ජේසුස් ක්‍රිස්තුන් වහන්සේ තුළ සහ නිර්දේෂී ප්‍රීතියෙන් හෘදයාංගම සුබ පැතුම්.

පැමිණීම සහ සහාය දැක්වීම පිළිබඳ කෘතඥතාව

1 අපගේ ගැලවුම්කරුවාණන් වන ක්‍රිස්තුන් ජේසුස් වහන්සෙ කෙරෙහි ඇදහිල්ල සහ ප්‍රේමය මගින් කැපී පෙනෙන ඔබේ ධර්මිෂ්ඨ චරිත ස්වභාවය නිසා ඔබට හිමිව ඇති ඔබගේ ආදරණීය නාමයේ ගෞරවය දෙවියන් වහන්සේ තුළ ප්‍රීතියෙන් මට ලැබී ඇත. දෙවියන් වහන්සේගේ අනුකරණය කරන්නන් ලෙස ඔබ, දෙවියන් වහන්සේගේ රුධිරය තුලින් නව ජීවිතයක් ලබා ගත් පසුව, ඔබ ඉතා ස්වභාවික ලෙස ඔබගේ කාර්යය සම්පූර්ණයෙන්ම ඉටු කර ඇත. **2** මක්නිසාද යත්, අප බෙදගන්නා අපගේ පොදු නාමය සහ අප දරන බලාපොරොත්තුව නිසා මා දම්වැල්වලින් බඳින ලදුව සිරියාවෙන් ගමන් කරමින් සිටි බවත්, රෝමයේ වන සතුන්ට මුහුණදීමේදී සටන් කිරීමට ඔබේ යාච්ඤා තුලින් සාර්ථක වීමට බලාපොරොත්තු වූ බවත් ඔබ දැනගත්

විට_එසේ සාර්ථක වීමෙන් දිවි ගලවා ගැනීමෙන් මට ශ්‍රාවකයෙකු විමට හැකි වන පිණිස_ඔබ මා බැලීමට වහාම පැමිණියනුය. 3 එබැවින්, විස්තර කළ නොහැකි ප්‍රේමයේ මිනිසෙකු වන, ඔබේ භූමික රදගුරුවරයා ලෙස සේවය කරන ඔනේසිමස් තුළ ඔබේ මුළු සභාවම දෙවියන් වහන්සේගේ නාමයෙන් මට ලැබී ඇති බැවින්, ජේසුස් ක්‍රිස්තුන් වහන්සේ නියම කළ ප්‍රමිතියේ ආදර්ශයට අනුව ඔබ ඔහුට ප්‍රේම කරන ලෙසත්, ඔබ සියල්ලන්ම ඔහු හා සමාන වන ලෙසත් මම යාච්ඤා කරමි. මක්නිසාද යත් ඔබ තරම්ම සුදුසු, එවැනි රදගුරුවරයෙකු ලැබීමට කරුණා අනුග්‍රහයෙන් ඉඩ දුන් තැනැත්තාට ආශීර්වාද ලැබේවා!

2 දෙවියන් වහන්සේගේ කැමැත්තෙන් ඔබේ උපස්ථායකයා වන, සෑම අතින්ම ආශීර්වාද ලත්, මාගේ සහකාර සේවක බුරස් සම්බන්ධයෙන්, ඔබේ ගෞරවය සහ රදගුරුවරයාගේ ගෞරවය පිණිස ඔහු මා සමඟ රැඳී සිටින ලෙස මම යාච්ඤා කරමි. ඔබේ ප්‍රේමයේ ජීවමාන සාක්ෂියක් ලෙස මා ලැබූ දෙවියන් වහන්සේට සහ ඔබේ සභාවට සුදුසු මිනිසෙකු වන ක්‍රොකස්ද සෑම අතින්ම මා ප්‍රබෝධවත් කර ඇත; ජේසුස් ක්‍රිස්තුන් වහන්සේගේ පියාණන් වහන්සේද ඔනේසිමස්, බුරස්, යුප්ලස් සහ ෆ්‍රොන්ටෝ සමඟ ඔහු ප්‍රබෝධවත් කරත්වා. ඔවුන් තුළ මම ඔබ සැමගේ ප්‍රේමය දුටුවෙමි. 2 මා එය ලැබීමට සුදුස්සෙකු නම්, ඔබ සැම තුළ සැමවිටම ප්‍රීති වන්නෙමි. එබැවින්, ඔබ මහිමයට පත් කළ ජේසුස් ක්‍රිස්තුන් වහන්සේ සෑම අතින්ම මහිමයට පත් කිරීම සුදුසුය, එවිට ඔබ රදගුරුවරයාට සහ වැඩිමහල්ලන්ගේ කණ්ඩායමට යටත්ව, එක්සත් කීකරුකමකින් යුතුව, ඔබේ ජීවිතයේ සෑම අංශයකින්ම පවිත්‍ර කළ හැකිය.

රදගුරුවරයාට කීකරු වීම

3 මා වැදගත් කෙනෙකු ලෙස සලකා මම ඔබට අණ නොකරමි. මක්නිසාද යත් උන් වහන්සේගේ නාමය නිසා දම්වැල්වලින් බැඳ සිටියද, මා තවමත් ජේසුස් ක්‍රිස්තුන් වහන්සේ තුළ පරිපූර්ණත්වයට පත් වී නැත. දැනට, මා ශ්‍රාවකයෙකු වීමට පටන් ගෙන ඇති අතර, මාගේ සෙසු ශිෂ්‍යයන් ලෙස සලකා මම ඔබට කතා කරමි.

මක්නිසාද යත් ඇදහිල්ල, උපදෙස් දීම, විඳ දරාගැනීම සහ ඉවසීම පිළිබඳ මා ඔබෙන් පුහුණු විය යුතුය. 2 එහෙත් ඔබ ගැන නිහඬව නොසිටින ලෙස ප්‍රේමය මට බල කරන බැවින්, දෙවියන් වහන්සේගේ මනසට එකඟ ලෙස එකට දුවන්නට ඔබට හැකි වන පරිදි, මම ඔබ දිරිමත් කිරීමට මූලිකත්වය ගත්තෙමි. මක්නිසාද යත් ජේසුස් ක්‍රිස්තුන් වහන්සේ වන අපගේ වෙන් කළ නොහැකි ජීවිතය, පියාණන් වහන්සේගේ මනස වේ. ඒ ලොව පුරා පත් කරන ලද රදගුරුවරුන් ක්‍රිස්තුන් වහන්සේගේ මනසෙහි සිටින ආකාරයටමය.

4 එමනිසා, ඔබ ඇත්ත වශයෙන්ම දැන් සිදු කරන ආකාරයටම, රදගුරුවරයාගේ මනසට එකඟව එකට ජීවත් වීම සහ ක්‍රියා කිරීම ඔබට ගැලපේ. මක්නිසාද යත්, වැඩිමහල්ලන්ගේ කණ්ඩායම, එම නාමයට සුදුසු සහ දෙවියන් වහන්සේට සුදුසු වන අතර, ඔවුහු රදගුරුවරයාට වීණාවෙහි තත් මෙන් අනුගත වේ. එබැවින්, ඔබේ එකමුතුකම සහ අනේ‍යාන්‍ය ප්‍රේමය තුළ, ක්‍රිස්තුන් වහන්සේට ප්‍රශංසා ගායනා කරනු ලැබේ. 2 ඔබ සෑම කෙනෙකුම මෙම ගායනයට එක්විය යුතුය, එවිට සමඟියෙන් එක්සත් වී දෙවියන් වහන්සේගේ තාලය අනුගමනය කරමින්, ඔබට ජේසුස් ක්‍රිස්තුන් වහන්සේ තුළින් පියාණන් වහන්සේට එක හ‍ඬින් ගායනා කළ හැකිය. එසේ කිරීමෙන් උන් වහන්සේ ඔබට සවන් දෙන අතර, ඔබේ යහපත් ක්‍රියා මත පදනම්ව, ඔබ උන් වහන්සේගේ පුත්‍රයාණන් වහන්සේගේ සාමාජිකයන් බව පිළිගන්නා සේක. එබැවින්, ඔබට සැමවිටම දෙවියන් වහන්සේ තුළ කොටසක් ලබා ගත හැකි වන පරිදි, ඔබට පරිපූර්ණ සමඟියෙන් සිටීම වාසිදයකය.

5 මක්නිසාද යත් මා ඉතා කෙටි කාලයක් තුළ ඔබගේ රදගුරුතුමා සමඟ එවැනි සහයෝගීතාවක් අත්විඳ ඇති අතර එය හුදෙක් මිනිස් සම්බන්ධතාවක් නොව ආත්මික වූවක් නම්, සභාව ජේසුස් ක්‍රිස්තුන් වහන්සේ සමඟත්, ජේසුස් ක්‍රිස්තුන් වහන්සේ පියාණන් වහන්සේ සමඟත් එක්සත් වී සිටින ආකාරයටම, ඔහු සමඟ එක්සත් වී සිටින ඔබට මම කොපමණ වැඩියෙන් සුබ පතන්නෙම්ද, එවිට සියල්ල එකමුතුවෙන් එකඟ විය හැකිය. 2 කිසිවෙක් නොමඟ නොයත්වා: යමෙකු ශුද්ධස්ථානය

තුළ නොමැති නම්, ඔහුට දෙවියන් වහන්සේගේ ආහාරවල හිඟයක් ඇත. මක්නිසාද යත් එක් අයෙකුගේ හෝ දෙදෙනෙකුගේ යාච්ඤාවට එවැනි බලයක් තිබේ නම්, මුළු සභාව රදගුරුතුමා සමග එක්ව කරන යාච්ඤාවට කොපමණ බලයක් තිබේද! 3 එබැවින්, සභාව සමග රැස් නොවන ඕනෑම කෙනෙකු එමගින් තම අහංකාරය පෙන්නුම් කර තමාම වෙන් කරගෙන ඇත. මක්නිසාද යත් "දෙවියන් වහන්සේ උඩඟු යට විරුද්ධ වන සේක," යනුවෙන් ලියා ඇත. එබැවින්, දෙවියන් වහන්සේට කීකරුව සිටීම සඳහා, රදගුරුවරයාට විරුද්ධ නොවී සිටීමට අපි ප්‍රවේසම් වෙමු.

6 තවද, රදගුරුතුමා නිහඬව සිටින බව යමෙකු වැඩි වැඩියෙන් නිරීක්ෂණය කරන තරමට, ඔහු කෙරෙහි කෙනෙකුට වඩාත් බියක් ඇති විය යුතුය. මක්නිසාද යත්, නිවසේ ස්වාමියා තම නිවස කළමනාකරණය කිරීමට යවන සෑම කෙනෙකුම එවන ලද තැනැත්තා පිළිගන්නා ආකාරයටම අප පිළිගත යුතුය. එබැවින්, අප රදගුරුතුමා ස්වාමීන් වහන්සේ ලෙස සැලකිය යුතු බව පැහැදිලිය. 2 දැන් ඔනේසිමස් දෙවියන් වහන්සේ තුළ ඔබේ විධිමත් හැසිරීම පිළිබඳ බෙහෙවින් ප්‍රශංසා කරයි, ඔබ සැම සත්‍යයට අනුකූලව ජීවත් වන බවත්, ඔබ අතර කිසිදු මිථ්‍යාදෘෂ්ටියක් සොයාගෙන නොමැති බවත් ඔහු වාර්තා කරයි. ඇත්ත වශයෙන්ම, ජේසුස් ක්‍රිස්තුන් වහන්සේ ගැන සත්‍ය ලෙස කතා කරන අයට පමණක් ඔබ සවන් දෙන්නහුය.

ව්‍යාජ ගුරුවරුන් පිළිබඳ අනතුරු ඇඟවීම්

7 මක්නිසාද යත්, දෙවියන් වහන්සේට නුසුදුසු වෙනත් ක්‍රියාවල නිරත වෙමින්, නපුරු ලෙස හා වංචාකාරී ලෙස ජේසුස් වහන්සෙගේ නාමය දරන සමහරු සිටිති. ඔබ වන සතුන්ගෙන් වැළකෙන්නාක් මෙන් ඔවුන්ගෙන් වැළකී සිටිය යුතුය. මක්නිසාද යත්, ඔවුහු හොර රහසේ සපා කන පිස්සු බල්ලෝ වෙති; ඔබ ඔවුන්ගෙන් ප්‍රවේසම් විය යුතුය, මක්නිසාද යත් ඔවුන්ගේ සපා කෑම සුව කිරීමට අපහසුය. 2 ඇත්තේ එකම වෛද්‍යවරයෙකි, උන් වහන්සේ මාංසය සහ ආත්මය යන දෙකම වන සේක,

එසේම උපත ලැබූ සහ උපත නොලත් තැනැන් වහන්සේය, මිනිසා තුළ දෙවියන් වහන්සේය, මරණයේ සැබෑ ජීවිතයය, මරියාගෙන් සහ දෙවියන් වහන්සේගෙන් උපන් තැනැන් වහන්සේය, පළමුවෙන් දුක් විඳීමට යටත් වන එහෙත් පසුව දුක් විඳීමෙන් ජයගත් තැනැන් වහන්සේය, උන්වහන්සේ අපගේ ස්වාමීන් වහන්සේ වන ජේසුස් ක්‍රිස්තුන් වහන්සේය.

8 එබැවින් ඔබ දැන් මුලා වී නැති ආකාරයටම, ඔබ සම්පූර්ණයෙන්ම දෙවියන් වහන්සේට අයිති බැවින් කිසිවෙක් ඔබ රවටා නොගනිත්වා. මක්නිසාද යත් ඔබට වඩ හිංසා කළ හැකි කිසිදු හේදයක් ඔබ අතර හට නොගත් විට, ඔබ සැබවින්ම දෙවියන් වහන්සේගේ මාර්ගයෙහි ජීවත් වන්නනුය. මම ඔබ වෙනුවෙන් නිහතමානී පූජාවක් වන්නෙමි, එපිස සභාව, සදහටම ප්‍රසිද්ධ සභාවක් වන ඔබට මාම කැප කරගනිම්. 2 මාංසයට අයත් අයට ආත්මික දේවල් කළ නොහැකිය, එසේම ආත්මික අයට මාංසික දේවල් කළ නොහැකිය, ඒ ඇදහිල්ලට අවිශ්වාසයේ දේවල් කළ නොහැකි ආකාරයටමය, එසේම අවිශ්වාසයේ දේවලට ඇදහිල්ලේ දේවල් කළ නොහැකි ආකාරයටමය. එපමණාක් නොව, මාංසිකව ඔබ කරන දේවල් පවා ඇත්ත වශයෙන්ම ආත්මිකය, මක්නිසාද යත් ඔබ සියල්ල කරන්නේ ජේසුස් ක්‍රිස්තුන් වහන්සේ තුළ නිසාය.

9 එහෙත් වෙනත් තැන්වලින් පැමිණි සමහර අය නපුරු ධර්මනියාමක ඉගැන්වීම් සිදු කරමින් ඔබේ මාර්ගයෙන් ගමන් ගත් බව මම දැන ගතිම්. එහෙත් ඔබ ඔවුන්ට ඒවා ඔබ අතර වැපිරීමට ඉඩ නොදුන්නෙහිය. ඔවුන් විසින් වපුරන ලද දේවල් බාර නොගන්නා ලෙස ඔබ ඔබේ කන් වසාගෙන සිටියෙහිය. මක්නිසාද යත්, ඔබ පියාණන් වන දෙවියන් වහන්සේගේ ගොඩනැගිල්ල සඳහා පූර්වයෙන් සූදනම් කරන ලද දේවමාලිගාවක ගල් වන අතර, ජේසුස් ක්‍රිස්තුන් වහන්සේගේ දෙඬකරය, එනම් කුරුසිය මගින්, කඹයක් ලෙස ශුද්ධාත්මයාණන් වහන්සේ භාවිත කරමින් ඉහළට ඔසවනු ලැබ ඇත. ඔබ ඔසවා තබන්නේ ඔබේ ඇදහිල්ලයි, එසේම දෙවියන් වහන්සේ වෙතට ගෙන යන මාර්ගය ප්‍රේමයයි. 2 එබැවින් ඔබ සියලු දෙනාම හවුල් නමස්කාරයක එක්ව සහභාගී වන්නන්, දෙවියන් වහන්සේ

දරන්නන් සහ දේවමාලිගා දරන්නන්, ක්‍රිස්තුන් වහන්සේ දරන්නන්, ශුද්ධ වූ දේවල් දරන්නන්, ජේසුස් ක්‍රිස්තුන් වහන්සේගේ ආඥවලින් සෑම අතින්ම අලංකාර කර ඇති අයයි. මෙම ලිපිය මගින් ඔබ සමඟ කතා කිරීමට සහ ඔබ සමඟ ප්‍රීති වීමට සුදුසු යැයි ගණන්ගනු ලැබ ඇති බැවින්, ඔබ මිනිස් ජීවිතයේ කිසිවකට නොව එහෙත් දෙවියන් වහන්සේට පමණක් ප්‍රේම කරන බැවින්, මමද ඔබ සමඟ සමරමි.

හිංසනයට ප්‍රතිචාරය

10 සෙසු මනුෂ්‍ය වර්ගයාට, ඔවුන් තුළ පසුතැවිලි වීමේ බලාපොරොත්තුවක් ඇති බැවින්, ඔවුන්ට දෙවියන් වහන්සේ දැනගත හැකි වන පිණිස, ඔවුන් උදෙසා නිරන්තරයෙන් යාච්ඤා කරන්න. එබැවින් අවම වශයෙන් ඔබේ ක්‍රියා මගින් ඔවුන්ට උපදෙස් ලබා ගැනීමට ඉඩ හරින්න. 2 ඔවුන්ගේ කෝපයට ප්‍රතිචාර වශයෙන් මෘදු වන්න; ඔවුන්ගේ පුරසාරම් දෙඩීමට ප්‍රතිචාර වශයෙන් නිහතමානී වන්න; ඔවුන්ගේ අපහාස කිරීමට ප්‍රතිචාර වශයෙන් ඔවුන් වෙනුවෙන් යාච්ඤා කරන්න; ඔවුන්ගේ වැරදිවලට ප්‍රතිචාර වශයෙන් ඇදහිල්ලෙහි ස්ථීරව පවතින්න; ඔවුන්ගේ ක්‍රෑරත්වයට ප්‍රතිචාර වශයෙන් ශිෂ්ට සම්පන්න වන්න; ඔවුන් අනුකරණය කිරීමට උනන්දු නොවන්න. 3 අපි ඔවුන්ගේ සහෝදර සහෝදරියන් බව අපගේ ඉවසීමෙන් පෙන්වමු, වැඩියෙන් වැරදි සිදු වුණේ කවරකුටද, වැඩියෙන් වංචා සිදු කළේ කවරකුටද, වැඩියෙන් ප්‍රතික්ෂේප වූයේ කවුරුන්ද යන්න බැලීමට, අපි ස්වාමීන් වහන්සේ අනුකරණය කරන්නන් වීමට වඩා උනන්දු වෙමු. එසේ කිරීමෙන් ඔබ අතර යක්ෂයාගේ වල් පැළෑටියක් සොයාගත නොහැකි වනු ඇත, එහෙත් ඒ වෙනුවට සම්පූර්ණ පිරිසිදුකමෙන් සහ ආත්ම දමනයෙන් යුතුව ඔබට ක්‍රිස්තුන් ජේසුස් වහන්සේ තුළ ශාරීරිකව හා ආත්මිකව රැඳී සිටිය හැකි වනු ඇත.

අවසාන කාලඃ ලෝකයේ සහ පෞද්ගලික යන දෙකෙනිම

11 මේවා අවසාන කාල වේ. එබැවින් අපි භක්තිමත් අය වෙමු; දෙවියන් වහන්සේගේ ඉවසීම අපට විරුද්ධව විනිශ්චයක් නොවන පිණිස එයට බිය වෙමු. මක්නිසාද යත් අපි පැමිණෙන්නට තිබෙන උදහසට බිය වෙමු, එසේ නැතහොත් පවතින කරුණා අනුග්‍රහයට ප්‍රේම කරමු, මේ දෙකෙන් එකක් තෝරාගනිමු; සැබෑ ජීවිතයට මග පෙන්වන ක්‍රිස්තුන් ජේසුස් වහන්සෙ තුළ පමණක් අප හමු වන පිණිස ක්‍රියා කරමු. 2 උන් වහන්සේ හැරුණුකොට අන් කිසිවක් ඔබට ආකර්ෂණය නොවේවා. මා මේ දම්වැල්වලින් මාගේ ආත්මික මුතු!) බැඳ ගෙන යනු ලබන අතර, එමගින් ඔබේ යාච්ඤා තුළින් නැවත නැඟිටීමට මම බලාපොරොත්තු වෙමි. ජේසුස් ක්‍රිස්තුන් වහන්සේගේ බලය කරණකොටගෙන ප්‍රේරිතයන් සමඟ සැමවිටම එකඟ වූ එපීසයේ කිතුනුවන්ගේ සමාගම තුළ මා හඳුනාගත හැකි වන පිණිස, මම සැමවිටම ඔවුන් තුළ කාරණා බෙදගනිමි.

12 මා කවුරුන්ද යන්න සහ මා මෙය ලියන්නේ කාටද යන්නත් මම දනිමි. මම සිරකරුවෙක්මි; ඔබට කරුණාව ලැබී ඇත. මම අනතුරේ සිටිමි; ඔබ සුරක්ෂිතව සිටින්නනුය. 2 ඔබ දෙවියන් වහන්සේ උදෙසා මරා දමනු ලබන ලද අයගේ මහා මාර්ගයයි; ඔබ විශුද්ධවත් කරනු ලැබූ, අනුමත කරන ලද, සුදුසු ලෙස ආශීර්වාද ලත් පාවුලු තුමාගේ හවුල් ආරම්භකයෝය_මා දෙවියන් වහන්සේ වෙත ළඟා වන විට ඔහු ගමන් කළ මාර්ගයේදි මට හමු වේවා!_ඔහු සෑම ලිපියකදීම ක්‍රිස්තුන් ජේසුස් වහන්සෙ තුළ ඔබ සිහිපත් කර ඇත.

නිතර පවත්වන ලද සුහදශීලී රැස්වීම්

13 එබැවින්, දෙවියන් වහන්සේට ස්තුති කිරීම සහ මහිමය දීම සඳහා නිතරම එක්රැස් වීමට ඔබ උපරිම උත්සහාය දරන්න. මක්නිසාද යත් ඔබ නිතර නිතර හමුවන විට සාතන්ගේ බලයන් පරාජයට පත් වන අතර, ඔබේ ඇදහිල්ලේ ඒකත්වයෙන් ඔහුගේ විනාශකාරී බව අහෝසි වන්නේය. 2 සාමයට වඩා යහපත්

දෙයක් තවත් නැත, එමගින් ස්වර්ගයේ සිටින අය සහ පොළොවේ සිටින අය අතර ඇති සියලුම යුද්ධ අහෝසි වේ.

වචන එදිරිව ක්‍රියා

14 ඔබට ජේසුස් ක්‍රිස්තුන් වහන්සේ කෙරෙහි පරිපූර්ණ ඇදහිල්ල සහ ප්‍රේමය පවතී නම්, මේ කිසිවක් ඔබේ අවධානයෙන් ගිලිහී නොයනු ඇත. මක්නිසාද යත් මේවා ජීවිතයේ ආරම්භය සහ අවසානය වන බැවිනි: ඇදහිල්ල ආරම්භය වන අතර ප්‍රේමය අවසානය වේ. එසේම මේ දෙකම එකමුතුව පවතින විට ඒ දෙකම දෙවියන් වහන්සේය. විශිෂ්ටත්වයට දයක වන අනෙක් සියල්ල ඒවායින් පැමිණේ. 2 ඇදහිල්ල ප්‍රකාශ කරන කිසිවෙක් පව් නොකරයි, ප්‍රේමය ඇති කිසිවෙක් වෙර නොකරයි. ගස එහි එලයෙන් හඳුනාගනු ලබයි; මේ අනුව, තමන් ක්‍රිස්තුන් වහන්සේගේ යැයි ප්‍රකාශ කරන අය ඔවුන්ගේ ක්‍රියා මගින් හඳුනා ගනු ලැබේ. මක්නිසාද යත් ක්‍රියාව යනු යමෙකු දැන් පොරොන්දු වන දෙය නොව, ඇදහිල්ලේ බලයෙන් අවසානය දක්වා කරන නොපසුබට උත්සාහයයි.

15 යමක් පවසා එය සිදු නොකර සිටීමට වඩා නිහඬව සිටීම සහ එය සැබෑවට සිදු කිරීම යහපත්ය. යමෙකු පවසන දේ ඔහු කරන්නේ නම් ඔහුගේ ඉගැන්වීම යහපත්ය. දැන් එක් ගුරුවරයෙක් සිටියි, ඔහු කතා කළ අතර එය සිදු විය; ඇත්ත වශයෙන්ම, ඔහු නිහඬව කළ දේවල් පවා පියාණන් වහන්සේට වටිනා සුදුසු දේවල්ය. 2 ජේසුස් වහන්සෙගේ වචනය සැබවින්ම හිමි තැනැත්තාට උන් වහන්සේගේ නිශ්ශබ්දතාව ඇසීමටද හැකිය. එසේ කිරීමෙන් ඔහුට පරිපූර්ණ අයෙක විය හැකිය. එසේ කිරීමෙන් ඔහු කියන දේ ඔහුට ක්‍රියාවෙන් කළ හැකි අතර, ඔහුගේ නිශ්ශබ්දතාව තුළින් ඔහු හඳුනාගත හැකිය. 3 ස්වාමින් වහන්සේගෙන් කිසිවක් සැඟවී නැත; අපගේ රහස් පවා උන් වහන්සේට සමීපය. එබැවින්, උන් වහන්සේ අප තුළ වාසය කරන බව දැනගෙන අපි සියල්ල කරමු, එසේ කිරීමෙන් අපි උන් වහන්සේගේ මාලිගා වෙමුව. එසේ උන් වහන්සේ අපගේ දෙවියන් වහන්සේ ලෙස අප තුළ සිටිනු ඇත. ඇත්ත වශයෙන්ම, උන් වහන්සේ සැබවින්ම පවතින බව, අපට උන් වහන්සේ කෙරෙහි

සාධාරණ ලෙස ඇති ප්‍රේමයෙන් අපගේ ඇස් හමුවේ පැහැදිලි වනු ඇත.

නපුරු ඉගැන්වීම්වල දුර්ගන්ධය

16 මාගේ සහෝදරයෙනි, සහෝදරියනි, මුලා නොවන්න. කාමමිථ්‍යාචාරයෙන් පවුල් දුෂණය කරන්නන්ට දෙවියන් වහන්සේගේ රාජ්‍යය උරුම නොවේ. 2 එබැවින් එවැනි දේ කරන අය ශාරීරිකව මරණයට පත් කරනු ලැබුවහොත්, නපුරු ඉගැන්වීම්වලින් දෙවියන් වහන්සේ කෙරෙහි ඇදහිල්ල දුෂණය කරන අය, ඊට වඩා කොපමණ වැඩියෙන් එසේ කරනු නොලැබෙද, මක්නිසාද යත් ඒ ඇදහිල්ල පිණිස ජේසුස් ක්‍රිස්තුන් වහන්සේ කුරුසියේ ඇණ ගසනු ලැබූ සේක! එවැනි පුද්ගලයෙකු තමාම දුෂණය කරගෙන, නොනිවෙන ගින්නට යනු ඇත, එසේම ඔහුට සවන් දෙන තැනැත්තාටද එසේම සිදු වනු ඇත.

17 ස්වාමීන් වහන්සේ උන් වහනසේගේ හිස මත ආලේපයේ තෙල් පිළිගත්තේ මේ හේතුව නිසාය: එසේ කළේ උන් වහන්සේ සභාව මත නොදිරන බවේ හුස්ම හෙළන පිණිසය. මේ යුගයේ පාලකයාගේ ඉගැන්වීමේ දුර්ගන්ධයෙන් ආලේපය නොලබන්න, එසේ කිරීමෙන් ඔහු ඔබ වහල්භාවයට ගෙන ගොස් ඔබ ඉදිරියෙහි තබා ඇති ජීවිතය ඔබෙන් කොල්ලකා නොගන්නා පිණිස එයට හසු නොවන්න. 2 දෙවියන් වහන්සේගේ දැනුම ලබා ගැනීමෙන් අප සියල්ලන්ම ප්‍රඥාවන්ත නොවන්නේ ඇයි? ඒ ප්‍රඥාව නම් ජේසුස් ක්‍රිස්තුන් වහන්සේය. ස්වාමීන් වහන්සේ සැබැවින්ම එවා ඇති කරුණා අනුග්‍රහයේ දීමනාව නොසලකා හරිමින් අප අඥාන ලෙස විනාශ වන්නේ ඇයි?

ජේසුස් වහන්සේගේ මරණයේ අබිරහස

18 මාගේ ආත්මය කුරුසිය සඳහා වන නිහතමානී පූජාවකි, කුරුසිය නොඇදහිලිවන්තයන්ට බාධාවකි, එහෙත් එය අපට ගැළවීම සහ සදාකාල ජීවනයයි. ප්‍රඥාවන්තයා කොතැනද? වාද කරන්නා කොතැනද? බුද්ධිමත් යැයි සිතන අයගේ පුරසාරම්

දෙඩීම කොතැනද? 2 මක්නිසාද යත් අපගේ දෙවියන් වහන්සේ වන ජේසුස් ක්‍රිස්තුන් වහන්සේ දෙවියන් වහන්සේගේ සැලැස්මට අනුව මරියා විසින් පිළිසිඳ ගන්නා ලදී. ඒ, දාවිත්ගේ වංශයෙන් සහ ශුද්ධාත්මයාණන් වහන්සේගෙන් යන දෙකෙන්මය. උන් වහන්සේ ඉපදි බව්තීස්ම ස්නාපනය වූයේ උන් වහන්සේගේ දුක් විඳීම කරණාකොටගෙන ජලය පිරිසිදු කිරීම සඳහාය.

19 දැන් මරියාගේ කන්‍යාභාවය සහ ඇගේ දරු ප්‍රසූතිය මේ යුගයේ පාලකයාගෙන් සැඟවී තිබුණි, එසේම ස්වාමීන් වහන්සේගේ මරණයද සැඟවී තිබිණි. ශබ්ද නගා ප්‍රකාශ කළ යුතු අබිරහස් තුනක් වුවද, ඒවා දෙවියන් වහන්සේගේ නිශ්ශබ්දතාවයෙන් ඉටු කරන ලදී. 2 එසේ නම්, ඒවා යුගවලට එළිදරව් වූයේ කෙසේද? සියලු තාරකාවලට වඩා දීප්තිමත්ව ස්වර්ගයෙහි තාරකාවක් බැබළුණේය; එහි ආලෝකය විස්තර කළ නොහැකි එකක් වූ අතර එහි අමුතු බව පුදුමය දනවන්නක් විය. සූර්යයා සහ චන්ද්‍රයා සමඟ එක්ව අනෙකුත් සියලුම තාරකා මණ්ඩල එම තාරකාව වටා ගායනයක් නිර්මාණය කළද, එම තාරකාව ඒ සියල්ල අබිබවා ගියේය. මෙම අසාමාන්‍ය සංසිද්ධියේ ආරම්භය පිළිබඳව ව්‍යාකූලත්වයක් ඇති විය, එය සම්පූර්ණයෙන්ම පවතින අනෙක් ඒවාට වඩා බෙහෙවින් වෙනස් විය. 3 එහි ප්‍රතිඵලයක් ලෙස සියලු මායාවන් සහ සෑම ආකාරයකම මන්ත්‍රයක්ම විසුරුවා හරින ලදී, දුෂ්ටකමේ ලක්ෂණයක් වූ නොදැනුවත්කම අතුරුදහන් විය, එසේම සදාකාල ජීවනයේ නව්‍ය බව ගෙන ඒම සඳහා දෙවියන් වහන්සේ මිනිස් ස්වරූපයෙන් පෙනී සිටි විට පුරාණ රාජ්‍යය අහෝසි කරන ලදී; එසේ දෙවියන් වහන්සේ විසින් සූදානම් කරන ලද දේ ක්‍රියාත්මක වීමට පටන් ගත්තේය. එහි ප්‍රතිඵලයක් ලෙස, මරණය අහෝසි කිරීමේ ක්‍රියාවලිය සිදුවෙමින් පැවති බැවින්, සියල්ල කැළඹීමට ලක් විය.

දෙවන ලිපියක් පිළිබඳ පොරොන්දුව

20 ඔබගේ යාච්ඤාවට ප්‍රතිචාර වශයෙන්, ජේසුස් ක්‍රිස්තුන් වහන්සේ මා සුදුසු අයෙකු යැයි සලකන සේක් නම්, එසේ කිරීම උන් වහන්සේගේ කැමැත්ත නම්, මා ඔබට ලිවීමට අදහස් කරන

දෙවන ලිපියෙන්, මා කතා කිරීමට පටන් ගත් විෂය, එනම්, නව මිනිසා වන ජේසුස් ක්‍රිස්තුන් වහන්සේ පිළිබඳ දිව්‍යමය සැලැස්ම, උන් වහන්සේ කෙරෙහි ඇදහිල්ල සහ උන් වහන්සේ කෙරෙහි ප්‍රේමය, උන් වහන්සේගේ දුක් විඳීම සහ නැවත නැගිටීම ඇතුළත් වන බව, මම ඔබට තවදුරටත් පැහැදිලි කරන්නෙම්. 2 විශේෂයෙන්ම ස්වාමින් වහන්සේ මට යමක් එළිදරව් කළහොත් එය පවසන්නෙම්. ඔබ සැමදෙනාම, තනි තනිව සහ සාමූහිකව, කරුණා අනුග්‍රහයෙන්, ජේසුස් වහන්සෙගේ නාමය කරණාකොටගෙන, එකම ඇදහිල්ලෙන් සහ එකම ජේසුස් ක්‍රිස්තුන් වහන්සේගෙන් එක්රැස් වන්න. ජේසුස් ක්‍රිස්තුන් වහන්සේ ශාරීරික වශයෙන් දාවිත්ගෙන් පැවත එන සේක. උන් වහන්සේ මනුෂ්‍ය පුත්‍රයාණන් සහ දෙවියන් වහන්සේගේ පුත්‍රයාණන් වන සේක. ඔබ රදගුරුවරයාට සහ වැඩිමහල්ලන්ගේ මණ්ඩලයට සන්සුන් මනසකින් කීකරු වන පිණිස, අමරණීයත්වයේ ඖෂධ්‍ය වන එක රොටිය කැඩීමෙන්, එනම් අප මිය නොයන පිණිසත්, ජේසුස් ක්‍රිස්තුන් වහන්සේ තුළ සදහටම ජීවත් වන පිණිසත් ගන්නා ප්‍රතිජීවකය ලබාගන්න.

පෞද්ගලික සුබ පැතුම් සහ සමුගැනීමේ ඉල්ලීම්

21 දෙවියන් වහන්සේගේ ගෞරවය සඳහා ඔබ ස්මර්ණා වෙත එවූ අයටත්, ඔබටත් මම කැපවී සිටිමි. මා ඔබට ලියන්නේ ස්මර්ණාවෙහි සිටය. ස්වාමින් වහන්සේට කෘතඥ වෙමින් සහ පොලිකාප්ට මෙන්ම ඔබටත් ප්‍රේමයෙන් යුක්තව ලියමි. ජේසුස් ක්‍රිස්තුන් වහන්සේ ඔබ සිහිපත් කරන ආකාරයටම ඔබ මා සිහි කරන්න. 2 මා දම්වැල්වලින් බඳිනු ලැබ රෝමයට ගෙන යන්නේ සිරියාවේ සභාවෙහි සිටයි, සිරියාවේ සභාව වෙනුවෙන් යාච්ඤා කරන්න, මක්නිසාද යත් එහි සිටින ඇදහිලිවන්තයන්ගෙන් කුඩාම තැනැත්තා වන මා දෙවියන් වහන්සේගේ මහිමය සඳහා සේවය කිරීමට සුදුසු යැයි විනිශ්චය කර ගණන් ගනු ලැබ ඇත. පියාණන් වහන්සේ වන දෙවියන් වහන්සේ තුළ සහ අපගේ පොදු බලාපොරොත්තුව වන ජේසුස් ක්‍රිස්තුන් වහන්සේ තුළ සමුගනිමි.

ඉග්නේෂස් මැග්නීසියානුවන්ට ලියූ ලිපිය

ආචාරය

අපගේ ගැළවුම්කරුවාණන් වහන්සේ වන ක්‍රිස්තුන් ජේසුස් වහන්සෙ තුළ පියාණන් වන දෙවියන් වහන්සේගේ කරුණා අනුග්‍රහයෙන් ආශීර්වාද ලත් මේන්ඩර්හි මැග්නීසියාවේ සභාවෙහි ප්‍රතිරූපය දරන්නා වන ඉග්නේෂස් නම් මම සභාවට ආචාර කරමින් පියාණන් වන දෙවියන් වහන්සේ තුළ සහ ජේසුස් ක්‍රිස්තුන් වහන්සේ තුළ සභාවට හෘදයාංගම සුබ පැතුම් ගෙනෙමි.

දම්වැල් සහ වටිනාකම

1 දෙවියන් වහන්සේ කෙරෙහි ඔබගේ ප්‍රේමය කෙතරම් පිළිවෙළට තිබේදැයි දැනගත් විට, මා ඉතා ප්‍රීතියට පත්ව ජේසුස් ක්‍රිස්තුන් වහන්සේගේ ඇදහිල්ලෙන් ඔබට ආමන්ත්‍රණය කිරීමට තීරණය කළෙමි. 2 මක්නිසාද යත්, මා මෙසේ දම්වැල්වලින් බඳින ලදුව, ඉතා දේවභක්තික නාමයක් දැරීමට සුදුසු යැයි විනිශ්චය කර ගණන්ගනු ලැබ ඇති බැවින්, මම සභාවල ප්‍රශංසාවන් ගායනා කරමි, එසේම එම සභාවන් තුළ, අපගේ කිසිදු නොවරදින ජීවිතය, සහ ඇදහිල්ලේ සහ ප්‍රේමයේ, කිසිවකට ප්‍රිය නොවන, එමෙන්ම වඩා වැදගත් දෙය වන ජේසුස් වහන්සේ සහ පියාණන් වහන්සේගේම වඩා වැදගත් වන ජේසුස් ක්‍රිස්තුන් වහන්සේගෙන් පැමිණෙන මාංසයේ සහ ආත්මයේ එකමුතුවක් ඇතිවන පිණිස මම යාච්ඤා කරමි. අප මේ යුගයේ පාලකයාගේ සියලු අපයෝජන ඉවසිලිවන්තව විඳ දරාගෙන ඒවාඉන් බේරී සිටියහොත්, උන් වහන්සේ තුළ අපි දෙවියන් වහන්සේ වෙත ළඟා වන්නෙමු.

රදගුරුවරයාට කීකරු වීම

2 ඔබේ දේවභක්තික රදගුරුවරයා වන දේමස්, සහ ඔබේ වටිනා පූජකවරුන් වන බාසස් සහ ඇපලෝනියස් සහ මාගේ සහකාර සේවකයා වන ශෝෂන් යන අය තුළ ඔබ දැකීමට මා සුදුස්සෙකු ලෙස සලකනු ලැබූ බැවින් සතුටු වෙමි. ඔහු දෙවියන් වහන්සේගේ කරුණා අනුග්‍රහයෙන් රදගුරුවරයාට සහ ජේසුස් ක්‍රිස්තුන් වහන්සේගේ ව්‍යවස්ථාව ලෙස පූජකවරුන්ගේ සභාවට යටත් වන බැවින්, ඔහුගේ ඇසුර මට භුක්ති විඳීමට ඉඩ දෙන්න.

3 ඇත්ත වශයෙන්ම, ඔබේ රදගුරුතුමාගේ තරුණ බවෙන් ප්‍රයෝජන නොගෙන, දෙවියන් වහන්සේගේ පියාණන් වහන්සේගේ බලයට අනුකූලව ඔහුට ලැබිය යුතු සියලු ගෞරවය ලබා දීම ඔබට සුදුසුය. ශුද්ධ වූ ප්‍රේරිතයන්ද ඔහුගේ තරුණ පෙනුමෙන් ප්‍රයෝජන නොගෙන දෙවියන් වහන්සේ තුළ ප්‍රඥාවන්තයෙකු ලෙස ඔහුට ගරු කළ බව මම දනිමි; එහෙත් ඇත්ත වශයෙන්ම ඔවුන් එසේ ගෞරව කළේ ඔහුට නොව, සියල්ලන්ගේම රදගුරුවරයාණන් වහන්සේ වන ජේසුස් ක්‍රිස්තුන් වහන්සේගේ පියාණන් වහන්සේටය. 2 එබැවින්, ඔබට ප්‍රේම කළ තැනැත්තාගේ ගෞරවය සඳහා, කුහකකමකින් තොරව කීකරු වීම නිවැරදි වේ. මක්නිසාද යත් එසේ වංචා කළහොත් එය මෙම දෘශ්‍යමාන රදගුරුතුමා රැවටීමක් නොව, එහෙත් අදෘශ්‍යමාන තැනැන් වහන්සේ රැවටීමක් වනු ඇත. එවැනි අවස්ථාවක ඔහු මාංසය සමග නොව අපගේ රහස් දන්නා දෙවියන් වහන්සේ සමග ගණන් ගත යුතුය.

4 එබැවින්, අප කිතුනුවන් ලෙස හඳුන්වාගැනීම පමණක් නොව, ඇත්ත වශයෙන්ම කිතුනුවන් වීම නිවැරදිය. මිනිසෙකු රදගුරු ලෙස හඳුන්වා, එහෙත් ඔහු නොසලකා සියල්ල කරන සමහරුන් මෙන් ක්‍රියා නොකරමු. එවැනි අය යහපත් හෘදයසාක්ෂියකින් ක්‍රියා කරන බවක් මට නොපෙනේ, මක්නිසාද යත් ඔවුන් ආඥාවට අනුකූලව නීත්‍යනුකූලව රැස් නොවන බැවිනි.

මාර්ග දෙක

5 සියලු දේවලට අවසානයක් ඇති බැවින්, අප ඉදිරියෙහි කාරණා දෙකක් ඇත, එනම් මරණය සහ ජීවනයයි. එසේ සෑම කෙනෙකුම තමාගේම ස්ථානයට යනු ඇත. 2 මක්නිසාද යත් දෙවියන් වහන්සේගේ එකක් සහ ලෝකයේ අනෙක ලෙස කාසි දෙකක් ඇති අතර, ඒ සෑම එකකම තමන්ගේම මුද්‍රාවක් එහි සටහන් කර ඇත. ඒ ආකාරයටම, නොඇදහිලිවන්තයෝ මේ ලෝකයේ මුද්‍රාව දරති, එහෙත් ප්‍රේමයෙන් යුක්තව සිටින ඇදහිලිවන්තයෝ ජේසුස් ක්‍රිස්තුන් වහන්සේ තුළින් පියාණන් වහන්සේ වන දෙවියන් වහන්සේගේ මුද්‍රාව දරති. අපි ස්වේච්ඡාවෙන් ජේසුස් වහන්සෙගේ දුක් වේදනාවලට මිය යාමට තෝරා නොගන්නෙමු නම්, උන් වහන්සේගේ ජීවනය අප තුළ නැත.

රදගුරුවරයාට කීකරු වීම පිළිබඳ වැඩිදුර අදහස්

6 එබැවින්, ඉහත සඳහන් කළ පුද්ගලයන් තුළ ඇදහිල්ලෙන් යුතුව මම මුළු සභාව දැක එයට ප්‍රේම කළෙමි. එබැවින්, මම මෙම උපදෙස දෙමි: දෙවියන් වහන්සේගේ ස්ථානයේ මුලසුන හොබවන රදගුරුවරයා සහ අපෝස්තුළුවරුන්ගේ සහ උපස්ථායකවරුන්ගේ මණ්ඩලයේ ස්ථානයේ ප්‍රධානීන්, මේ අය මට විශේෂයෙන් ආදරණීය අයයි, මක්නිසාද යත් ඔවුන් යුගවලට පෙර පියාණන් වහන්සේ සමග සිටි අතර කාලය අවසානයේ පෙනී සිටි ජේසුස් ක්‍රිස්තුන් වහන්සේගේ සේවය ඔවුන්ට භාර දී ඇත. ඔවුන් හා සමග දේවභක්තික සමගියෙන් යුක්තව සියල්ල කිරීමට උනන්දු වන්න. 2 එබැවින්, සියල්ලන්ම දෙවියන් වහන්සේ හා සමාන ආකල්පයකින් පිළිගෙන එකිනෙකාට ගරු කරත්වා, කිසිවෙක් තමාගේ අසල්වැසියා හුදෙක් මිනිස් ආකාරයෙන් නොසලකත්වා, එහෙත් ජේසුස් ක්‍රිස්තුන් වහන්සේ තුළ සෑම විටම එකිනෙකාට ප්‍රේම කළ යුතුය. ඔබ භේද කිරීමට සමත් කිසිවක් ඔබ අතර නොතිබේවා, එහෙත් රදගුරුතුමා සමග සහ දූෂිත නොවන බව පිළිබඳ ආදර්ශයක් සහ පාඩමක් ලෙස නායකත්වය දෙන අය සමග එක්සත් වන්න.

7 එබැවින් ස්වාමින් වහන්සේ පියාණන් වහන්සේ නොමැතිව, තනිවම හෝ ප්‍රේරිතයන් තුළින් (මක්නිසාද යත් උන් වහන්සේ පියාණන් වහන්සේ සමඟ එක්සත් වූ බැවින්), කිසිවක් නොකලාක් මෙන්ම, රදගුරුවරයා සහ පූජකයන් නොමැතිව ඔබ කිසිවක් නොකළ යුතුය. අනෙක් අයගෙන් වෙන්ව කරන ඕනෑම දෙයක් නිවැරදි බව ඔබටම ඒත්තු ගන්වා ගැනීමට උත්සාහ නොකරන්න. එහෙත්, එකට රැස් වීමේදි, එක යාච්ඤාවක්, එක ඉල්ලීමක්, එක මනසක්, එක බලාපොරොත්තුවක්, ප්‍රේමයෙන් හා නිර්දේෂී ප්‍රීතියෙන් යුතුව තිබේවා, එනම් ජේසුස් ක්‍රිස්තුන් වහන්සේට වඩා යහපත් කිසිවක් ඔබ අතර නොතිබේවා. 2 ඔබ සැම දෙවියන් වහන්සේගේ එක දේවමාලිගාවකට මෙන්, එක පූජාසනයකට මෙන්, එක ජේසුස් ක්‍රිස්තුන් වහන්සේ වෙතට දුවන්න, එක පියාණන් වහන්සේගෙන් නික්ම, එක තැනැන් වහන්සේ සමඟ සිට, එක තැනැන් වහන්සේ වෙත නැවත පැමිණියාක් මෙන් එක ජේසුස් වහන්සෙ වෙත දුවන්න.

ජුදෙව් ආගම සහ ක්‍රිස්තියානි ධර්මය

8 අමුතු ඉගැන්වීම්වලට හෝ පැරණි මිථ්‍යාවන්ට නොරැවටෙන්න. මක්නිසාද යත් ඒවා නිෂ්ඵල බැවිනි. මක්නිසාද යත් අපි ජුදෙව් ආගමට අනුකූලව ජීවත් වන්නෙමු නම්, අපට කරුණා අනුග්‍රහය නොලැබුණු බව අපි පිළිගන්නෙමු. 2 මක්නිසාද යත්, ඉතාම දේවභක්තික දිවැසිවරු ක්‍රිස්තුන් ජේසුස් වහන්සෙට අනුකූලව ජීවත් වූහ. ඔවුන්ට පීඩා කරන ලද්දේ මේ හේතුව නිසාය. මක්නිසාද යත් ඔවුන් දෙවියන් වහන්සේගේ කරුණා අනුග්‍රහයෙන් ආනුභාවය ලබා ශක්තිමත් වූ බැවිනි. එසේ කළේ කීකරු වීමට ප්‍රතික්ෂේප කළ අය සම්පූර්ණයෙන්ම ඒත්තු ගන්වනු ලැබ, සිටින්නේ එකම දෙවියන් වහන්සේ කෙනෙකු පමණක් බවත්, උන් වහන්සේ තමන් වහන්සේගේ පුත්‍රයාණන් වන ජේසුස් ක්‍රිස්තුන් වහන්සේ තුළින් තමන්ම ප්‍රකාශ කරනු ලැබූ බවත්, නිහඬතාවයෙන් මතු වූ උන් වහන්සේගේ ජීවමාන ධර්මයාණන් වහන්සේ බවත්, සෑම ආකාරයකින්ම තමා ඒවූ තැනැන් වහන්සේට සම්පූර්ණ තෘප්තිය ලබා දුන් බවත් තේරුම් ගන්නා පිණිසය.

9 එසේ නම්, පුරාණ පිළිවෙත් අනුව ජීවත් වූ අය බලාපොරොත්තුවේ අලුත්භාවයට පැමිණියේ නම්, තවදුරටත් සබත නොපවත්වා, ස්වාමින් වහන්සේගේ දවසට අනුකූලව ජීවත් වෙති, ඒ දවසේදී උන් වහන්සේ සහ උන් වහන්සේගේ මරණය තුළින් අපගේ ජීවිතයද නැවත නැගිටිණි (සමහරු එය ප්‍රතික්ෂේප කරති), එම අබිරහස තුළින් අපි ඇදහිල්ලට පැමිණියෙමු. එසේම ඒ නිසා අපි ඉවසිලිවන්තව විඳ දරාගෙන සිටිමු, එසේ කරන්නේ අප අපගේ එකම ගුරුවරයාණන් වහන්සේ වන ජේසුස් ක්‍රිස්තුන් වහන්සේගේ ශ්‍රාවකයන් බව ඒත්තු ගැන්වෙන පිණිසය. 2 ආත්මයාණන් වහන්සේ තුළ උන් වහන්සේගේ ශ්‍රාවකයන් වූ දිවැසිවරුන් පවා ඔවුන්ගේ ගුරුවරයා ලෙස අපේක්ෂා කළ උන් වහන්සේ නොමැතිව අපට ජීවත් විය හැක්කේ කෙසේද? ඔවුන් නිසි ලෙස බලා සිටි තැනැන් වහන්සේ පැමිණි විට උන් වහන්සේ ඔවුන් මළවුන්ගෙන් උත්ථාන කළේ මේ නිසාය.

10 එබැවින් අපි උන් වහන්සේගේ යහපත්කම නොදැන නොසිටිමු. මක්නිසාද යත් උන් වහන්සේ අප ක්‍රියා කරන ආකාරය අනුකරණය කළහොත්, අපි අතරමං වී සිටිමු. එබැවින්, උන් වහන්සේගේ ශ්‍රාවකයන් බවට පත් වූ පසු, ක්‍රිස්තියානි ධර්මයට අනුකූලව ජීවත් වීමට අපි ඉගෙන ගනිමු. මක්නිසාද යත් මේ නාමය හැරුණුකොට වෙනත් නමකින් හඳුන්වනු ලබන ඕනෑම අයෙකු දෙවියන් වහන්සේට අයත් නොවේ. 2 එබැවින්, පරණවී ඇති හා ඇඹුල් වී ඇති නරක මුහුන් ඉවත දමා, ජේසුස් ක්‍රිස්තුන් නම් නව මුහුන් වෙත ළඟා වන්න. ඔබ කිසිවෙකු දූෂිත නොවන පිණිස උන් වහන්සේ සමඟ ලුණුවලින් රසවත් වන්න. මක්නිසාද යත් ඔබේ ජීවිතයෙන් සහ හැසිරීමෙන් එන සුවඳින් ඔබ විනිශ්චය කර ඔබ සැබවින්ම කෙබඳ අයදැයි පෙන්වනු ලැබේ. 3 ජේසුස් ක්‍රිස්තුන් වහන්සේ ප්‍රකාශ කිරීම සහ ජූදෙව් ආගම අනුගමනය කිරීම සම්පූර්ණයෙන්ම විකාරයකි. මක්නිසාද යත් ක්‍රිස්තියානි ආගම ජූදෙව් ආගම විශ්වාස කළේ නැත, එහෙත් ජූදෙව් ආගම ක්‍රිස්තියානි ආගම විශ්වාස කළේය. කිතුනු දහම තුළ සෑම දිවක්ම යේසුස් වහන්සේ විශ්වාස කර දෙවියන් වහන්සේ වෙතට ගෙන එන ලදී.

ජේසුස් වහන්සේගේ මිනිස් අත්දැකීම්වල යථාර්ථය

11 මාගේ ප්‍රේමවන්ත මිතුරුවරුනි, මා මේ දේවල් ලියන්නේ ඔබෙන් කිසිවෙකු ඇත්තටම එවැනි අය බව මා දැනගත් නිසා නොවේ. එහෙත් ඔබට වඩා පහත් කෙනෙකු ලෙස, වැදගැම්මකට නැති මතවල බිලි කොකුවලට හසු නොවී සිටීමට කලින්ම ඔබට අනතුරු ඇඟවීමටත්, ඒ වෙනුවට පොන්තියුස් පිලාත් ආණ්ඩුකාරවරයාගේ පාලන සමයේදී සිදු වූ උපත, දුක් වේදනා විඳීම සහ නැවත නැඟිටීම පිළිබඳ ඔබට සම්පූර්ණයෙන්ම ඒත්තු ගැන්වීමටත්ය. මේ දේවල් සැබැවින්ම සහ නිසැකවම අපගේ බලාපොරොත්තුව වන ජේසුස් ක්‍රිස්තුන් වහන්සේ විසින් සිදු කරන ලදී. ඒවායින් ඔබෙන් කිසිවෙකුත් කිසිදු ඉවතට හැරී නොයනු ඇත.

රදගුරුවරයාට කීකරු වීම

12 මා එය ලැබීමට සුදුසු නම්, සෑම අතින්ම ඔබ ගැන මට ප්‍රීතිය ලැබේවා. මක්නිසාද යත් මා දම්වැල්වලින් බඳිනු ලැබ සිටියද, ඔබගෙන් නිදහස් කෙනෙකුට මා සමාන කළ නොහැකිය. ඔබ අහංකාර නොවන බව මම දනිමි, මක්නිසාද යත් ඔබ තුළ ජේසුස් ක්‍රිස්තුන් වහන්සේ සිටින බැවිනි. එපමණක් නොව, "ධර්මිෂ්ඨයා තමාටම චෝදනා කරන්නාය" යනුවෙන් ලියා ඇති පරිදි, මා ඔබට ප්‍රශංසා කරන විට, ඔබ ලැජ්ජාවට පත් වන බව මම දනිමි.

13 එබැවින්, ඔබ කරන ඕනෑම දෙයකදී, ඔබ ශාරීරිකව හා ආත්මිකව, ඇදහිල්ලෙන් හා ප්‍රේමයෙන්, පුත්‍රයාණන් වහන්සේ සහ පියාණන් වහන්සේ සහ ආත්මයාණන් වහන්සේ තුළ, ආරම්භයේ දී සහ අවසානයේ දී, ඔබේ වඩාත්ම කීර්තිමත් රදගුරුතුමා සහ ඔබේ වැඩිමහල්ලන්ගේ සහ දේවහක්තික උපස්ථායකයන් වන අලංකාර ලෙස වියන ලද ආත්මික ඔටුන්න සමග සමෘද්ධිමත් වන පිණිස, ස්වාමීන් වහන්සේගේ සහ ප්‍රේරිතවරුන්ගේ අණපනත්වල ස්ථීරව පිහිටා සිටීමට උනන්දු වන්න. 2 මාංසයේ සිටියදී ජේසුස් ක්‍රිස්තුන් වහන්සේ පියාණන්

වහන්සේට යටත් වුවාක් මෙන්ම, ප්‍රේරිතයන් ක්‍රිස්තුන් වහන්සේට සහ පියාණන් වහන්සේට යටත් වුවාක් මෙන්ම, ශාරීරිකව හා ආත්මිකව එක්සත්කම ඇති වන පරිදි, රදගුරුතුමාට සහ එකිනෙකාට යටත් වන්න.

පෞද්ගලික සුබ පැතුම් සහ සමුගැනීම පිළිබඳ අවසරය

14 ඔබ දෙවියන් වහන්සේගෙන් පිරී ඇති බව මා දන්නා බැවින්, මම ඔබට කෙටියෙන් අනුශාසනා කළෙමි. මා දෙවියන් වහන්සේ වෙත ළඟා වන පිණිස ඔබේ යාච්ඤාවලදී මා සිහි කරන්න; සිරියාවේ සභාවද සිහි කරන්න, එහි සාමාජිකයෙකු ලෙස හැඳින්වීමට මා සුදුසු නැත. මක්නිසාද යත්, සිරියාවේ සභාව ඔබේ උනන්දුවේ යාච්ඤාවල පිනිවලින් ප්‍රබෝධවත් වීමට සුදුසු යැයි විනිශ්චය කර ගණන් ගනු ලබන පිණිස, මට ඔබගේ එක්සත් යාච්ඤාව සහ දෙවියන් වහන්සේ තුළ ප්‍රේමය අවශ්‍ය වේ.

15 මා ඔබට ලියන්නේ ස්මර්ණාවෙහි සිටයි. එහි සිටින එපිසවරු ඔබට සුබ පතති. ඔබ මෙන්ම ඔවුන්ද දෙවියන් වහන්සේගේ මහිමය සඳහා මෙහි සිටින අතර ස්මර්ණාවරුන්ගේ රදගුරුවරයා වන පොලිකාප් සමඟ සෑම අතින්ම මා ප්‍රබෝධවත් කර ඇත. අනෙක් සියලුම සභාවන්ද ජේසුස් ක්‍රිස්තුන් වහන්සේ තුළ ගෞරවය ඇතිව ඔබට සුබ පතති. ජේසුස් ක්‍රිස්තුන් වහන්සේ වන නොබෙදුණු ආත්මයක් ඇති ඔබගෙන් භක්තිමත් ලෙස සමුගනිමි.

ඉග්නේෂස් ත්‍රේලියන්වරුන්ට ලියූ ලිපිය

ආචාර්ය

ජේසුස් ක්‍රිස්තුන් වහන්සේගේ පියාණන් වහන්සේ වන දෙවියන් වහන්සේ විසින් මහත්සේ ප්‍රේම කරන ලද, දෙවියන් වහන්සේට සුදුසු සහ තෝරාගත්, ආසියාවේ ත්‍රේල්ස්හි ශුද්ධ සභාවේ පිළිම දරන්නා වූ ඉග්නේෂස් වන මම, ජේසුස් ක්‍රිස්තුන් වහන්සේගේ දුක් විඳීම තුළින් මාංසයෙන් හා ආත්මයෙන් සමාදානයෙන් සිටින, උන් වහන්සේ සමඟ සිටීමට අප නැඟිටින විට අපගේ බලාපොරොත්තුව වන ජේසුස් ක්‍රිස්තුන් වහන්සේ තුළ, අපෝස්තලික ආකාරයෙන් දෙවියන් වහන්සේගේ පූර්ණත්වයෙන් යුතුව ආචාර කරන අතර හෘදයාංගම සුබ පැතුම් පිරිනමමි.

ත්‍රේලියන්වරුන්ට ප්‍රශංසා කිරීම

1 ඔබේ රදගුරුවරයා වන පොලිබියස් දෙවියන් වහන්සේගේ සහ ජේසුස් ක්‍රිස්තුන් වහන්සේගේ කැමැත්තෙන් ස්මර්ණාවේ සිටියදී මා බැලීමට පැමිණි විට, ඔහු මා සමඟ හදවතින්ම ප්‍රීති වූ බැවින්, පුරුද්දට මෙන් නොව ස්වභාවයෙන්ම, ඉවසීමෙන් සහ විඳ දරාගැනීමෙන් ඔබට නිර්දේෂී සහ නොසැලෙන ස්වභාවයක් ඇති බව මම දනිම්; ක්‍රිස්තුන් ජේසුස් වහන්සෙ තුළ සිරකරුවෙකු වූ මා සමඟ ඔහු ඉතා ප්‍රීති විය, ඔහු තුළ මම ඔබේ සමස්ත සභාවම දුටුවෙමි. 2 එබැවින්, ඔහු තුළින් ඔබගේ දිව්‍යමය යහපත් කැමැත්ත ලබා ගත් පසු, මා දැනගත් පරිදි, ඔබ දෙවියන් වහන්සේ අනුකරණය කරන්නන් බව දැනගත් විට මම දෙවියන් වහන්සේට ප්‍රශංසා කළෙම්.

රදගුරුවරයාට කීකරු වීම

2 මක්නිසාද යත් ඔබ ජේසුස් ක්‍රිස්තුන් වහන්සේට මෙන් රදගුරුවරයාට යටත් වන විට, ඔබ මිනිස් ප්‍රමිතීන්ට අනුකූලව නොව, අප වෙනුවෙන් මිය ගිය ජේසුස් ක්‍රිස්තුන් වහන්සේගේ ප්‍රමිතීන්ට අනුකූලව ජීවත් වන බව මට පැහැදිලිය. උන් වහන්සේගේ මරණය විශ්වාස කිරීමෙන් ඔබට මරණයෙන් ගැලවිය හැකිය. 2 එබැවින්, ඔබ ඔබේ වත්මන් පිළිවෙත නොකඩව පවත්වාගෙන යාම මෙන්ම රදගුරුවරයා නොමැතිව කිසිවක් නොකර සිටීම, අපගේ බලාපොරොත්තුව වන ජේසුස් ක්‍රිස්තුන් වහන්සේගේ ප්‍රේරිතයන් ලෙස වැඩිමහල්ලන්ගේ මණ්ඩලයටද යටත් වීම අත්‍යවශ්‍ය වේ. අප එලෙස ජීවත් වන්නේ නම්, උන් වහන්සේ තුළ අප සිටින බව පෙනෙනු ඇත. 3 තවද, ජේසුස් ක්‍රිස්තුන් වහන්සේගේ අබිරහස්වල රදගුරුවරුන් සෑම අතින්ම සියල්ලන්ම සතුටු කිරීම අවශ්‍ය වේ. මක්නිසාද යත් ඔවුහු ආහාර පාන සම්බන්ධයෙන් රදගුරුවරුන් පමණක් නොව දෙවියන් වහන්සේගේ සභාවේ දේවසේවකයෝද වෙති. එබැවින්, ගින්නක් වළක්වන්නාක් මෙන් ඔවුන් විවේචන වළක්වා ගත යුතුය.

3 ඒ හා සමානව, සෑම කෙනෙකුම ජේසුස් ක්‍රිස්තුන් වහන්සේට මෙන් උපස්ථායකයන්ට ගරු කළ යුතුය. එසේම ඔවුන් පියාණන් වහන්සේගේ ආදර්ශයක් වන රදගුරුවරයාට ගරු කළ යුතුය. දේවගැතිවරුන් දෙවියන් වහන්සේගේ මන්ත්‍රණ සභාව සහ ප්‍රේරිතයන්ගේ කණ්ඩායම ලෙස වැඩිමහල්ලන්ට ගරු කළ යුතුය. මේවා නොමැතිව කිසිම කණ්ඩායමක් සභාව ලෙස හැඳින්විය නොහැකිය. 2 මේ කාරණා සම්බන්ධයෙන් ඔබ මා සමග එකඟ වන බව මට විශ්වාසය. මක්නිසාද යත් මට ඔබේ ප්‍රේමයේ ජීවමාන ආදර්ශයක් ලැබුණු අතර එය තවමත් ඔබේ රදගුරුවරයා තුළ මා සමග ඇත. රදගුරුවරයාගේ හැසිරීමම විශිෂ්ට පාඩමක් වන අතර ඔහුගේ මෘදුකම ඔහුගේ බලය වේ; අභක්තික අය පවා ඔහුට ගරු කරන බව මම සිතමි. 3 මා ඔබට ප්‍රේම කරන නිසා, මම ඔබ අත්හරිමි. එහෙත් ඔහු වෙනුවෙන් මට වඩාත් තියුණු ලෙස ලිවිය හැකිය. එහෙත් මා මේ සඳහා සුදුසුකම් ලත් අයෙකු බව මා සිතුවේ නැත, එනම් වරදකරුවෙකු වන මා

ප්‍රේරිතයෙකු මෙන් ඔබට නියෝග දීමට සුදුසු බව මම නොසිතුවෙමි.

දුක් විඳීම සහ සැබෑ ශ්‍රාවකයෙකු වීම

4 දෙවියන් වහන්සේ සමඟ එක්සිත්ව මට බොහෝ ගැඹුරු සිතුවිලි තිබේ. එහෙත් මා පුරසාරම් දෙඩමින් විනාශ නොවන පිණිස මම මාගේම තක්සේරුවක් කරන්නෙමි. මක්නිසාද යත් දැනට, මා වඩාත් ප්‍රවේසම් විය යුතු අතර මට ප්‍රශංසා කරන අයට අවධානය යොමු නොකළ යුතුය, මක්නිසාද යත් මේ ආකාරයෙන් මට කතා කරන අය මට වද දෙති. 2 මක්නිසාද යත් මම දුක් විඳීමට දැඩි ලෙස කැමති වුවද, මා ඒ සඳහා සුදුසුද යන්න නොදනිම්, මක්නිසාද යත් බොහෝ දෙනෙකුට නොපෙනුණද, ඊර්ෂ්‍යාව මට විරුද්ධව වැඩි වැඩියෙන් යුද්ධ කරයි. එබැවින්, මට මෘදුකම අවශ්‍යය. එයින් මේ යුගයේ පාලකයා විනාශ වී ගියේය.

5 ස්වර්ගීය දේවල් ගැන ඔබට ලියන්නට මට නොහැකිද? එහෙත් එසේ කිරීමට මම බිය වෙමි, මක්නිසාද යත් එසේ කිරීමෙන් ළදරුවන් වන ඔබට හානියක් සිදු වේ යැයි මම බිය වෙමි. එබැවින් ඔබට ගිල දැමිය නොහැකි දේවලින් ඔබ හුස්ම හිර නොවන ලෙස මා ගැන ඉවසන්න. 2 මක්නිසාද යත් මා දම්වැල්වලින් බැඳනු ලැබ සිටියත්, ස්වර්ගීය දේවල්, දේවදූතයන්ගේ තරාතිරම සහ අධිකාරීත්වයේ ප්‍රධානීන්ගේ ධුරාවලිය, දෘශ්‍යමාන හා අදෘශ්‍යමාන දේවල් මට තේරුම් ගත හැකිය—මේ සියල්ල තිබියදීත් මම තවමත් ශ්‍රාවකයෙක් නොවෙමි. මක්නිසාද යත් අපට තවමත් බොහෝ දේ අඩුය. එසේ අපට දෙවියන් වහන්සේ හිඟ නොවනු ඇත.

ව්‍යාජ ඉගැන්වීම්වල අන්තරාය

6 එබැවින්, මා ඔබට ආයාචනා කරමි, එහෙත් මා නොව, ජේසුස් ක්‍රිස්තුන් වහන්සේගේ ප්‍රේමය ඔබෙන් ඉල්ලා සිටින්නේ, ක්‍රිස්තියානි ආහාර පමණක් අනුභව කරන ලෙසත්, මිථ්‍යාදෘෂ්ටික

වූ සියලු අමුතු පැළැටිවලින් ඈත් වන ලෙසත්ය. 2 මේ අය, විශ්වාසවන්ත අය ලෙස පෙනී සිටිමින්, ජේසුස් ක්‍රිස්තුන් වහන්සේ තමන් සමඟ මිශ්‍ර කර ගනිති. ඔවුන් මී පැණි මිශ්‍ර මිදි යුෂ සමඟ මාරාන්තික ඖෂධයක් ලබා දෙන අය මෙනි. සැකයකින් තොරව ගොදුරු වූ තැනැත්තා එය බියෙන් තොරව පිළිගෙන, මාරාන්තික සතුටෙන් එයින් මරණයට පත් වෙයි.

රදගුරුවරයා යටතේ ආරක්ෂාව

7 එබැවින් එවැනි අයගෙන් ප්‍රවේසම් වන්න. ඔබ ජේසුස් ක්‍රිස්තුන්   වහන්සේටත්,   රදගුරුවරයාටත්,   ප්‍රේරිතයන්ගේ ආඥාවලටත් වෙන් කළ නොහැකි ලෙස ඇලී සිටියහොත් ඔබට එසේ උදඟු නොවී සිටීමට හැකි වනු ඇත. 2 ශුද්ධස්ථානය තුළ සිටින තැනැත්තා පවිත්‍රය, එහෙත් ශුද්ධස්ථානයෙන් පිටත සිටින තැනැත්තා පවිත්‍ර නැත. එනම්, රදගුරුතුමා සහ වැඩිමහල්ලන්ගේ සහ උපස්ථායකයන්ගේ මණ්ඩලය නොමැතිව ඕනෑම දෙයක් කරන ඕනෑම කෙනෙකුට පිරිසිදු හෘදයසාක්ෂියක් ඇත්තේ නැත.

දෝෂයට එරෙහිව පූර්වයෙන් අනතුරු ඇඟවීම

8 ඔබ අතරේ එවැනි දෙයක් ඇති බව මා දැනගෙන සිටිනවා නොවේ; ඒ වෙනුවට, ඔබ මට ඉතා ප්‍රේමණීය බැවින්ද, මා යක්ෂයාගේ උගුල් කලින් දැක ඇති බැවින්ද, මම ඔබ කල්තියා ආරක්ෂා කරමි. එබැවින්, ඔබ මෘදුකමින් සන්නද්ධ වී, (ස්වාමින් වහන්සේගේ මාංසය වන) ඇදහිල්ලෙන් සහ (ජේසුස් ක්‍රිස්තුන් වහන්සේගේ රුධිරය වන) ප්‍රේමයෙන් ඔබේ ශක්තිය නැවත ලබාගත යුතුය. 2 ඔබෙන් කිසිවෙක් තම අසල්වැසියා කෙරෙහි වෛරයක් තබා නොගනිත්වා. අඥාන අය ස්වල්ප දෙනෙකු නිසා දේවභක්තික බහුතරය අපහාසයට ලක් කිරීමට අන්‍යජාතීන්ට කිසි අවස්ථාවක් නොදෙන්න. මක්නිසාද යත් යමෙකුගේ අඥානකම නිසා මාගේ නාමයට අපහාස පැමිණේද, ඔහුට දුක් වේ.

ජේසුස් වහන්සෙගේ මිනිස් අත්දැකීම්වල යථාර්ථය

9 එබැවින්, මරියාගේ පුතු වූ දවිත්ගේ වංශයෙන් පැමිණියා වූ, සැබවින්ම උපන්නා වූ, කෑවා වූ, බීවා වූ, පොන්තියුස් පිලාත් යටතේ සැබවින්ම පීඩා විඳ වූ ජේසුස් ක්‍රිස්තුන් වහන්සේ ගැන හැරුණුකොට අන් කිසි දෙයක් ගැන කිසිවෙකුත් ඔබට කථා කරන කල බිහිරි වෙන්න; ජේසුස් වහන්සෙ ස්වර්ගයෙහිද පොලොවෙහිද පොලොව යටද සිටින අයද බලා සිටියදී සැබවින්ම කුරුසියේ ඇණ ගසනු ලැබ මිය ගිය සේක; 2 තවද, උන් වහන්සේගේ පියාණන් වහන්සේ උන් වහන්සේ නැවත නැගිටෙවු කල උන් වහන්සේ මළවුන්ගෙන් නැගිටි සේක. එලෙසම උන් වහන්සේගේ පියාණන් වහන්සේ උන් වහන්සේ කෙරෙහි අදහාගන්නාවූ අපද නැවත නැගිටුවන සේක. උන් වහන්සේගෙන් වෙන්ව අපට සැබෑ ජීවනයක් ඇත්තේ නැත.

10 එහෙත් සමහර අදේවවාදීන් (එනම්, නොඇදහිලිවන්තයන්) පවසන පරිදි, උන් වහන්සේ දෘශ්‍යමාන ලෙස පමණක් දුක් විඳි සේක් නම් (ඒවා දෘශ්‍යමාන ලෙස පමණක් පවතින අතර), මා දම්වැල්වලින් බඳිනු ලැබ සිටින්නේ ඇයි? මා වන සතුන් සමග සටන් කිරීම අවශ්‍ය වන්නේ ඇයි? කාරණාව එසේ නම්, මම කිසිම හේතුවක් නොමැතිව මිය යම්; එපමණක්ද නොව, මම ස්වාමීන් වහන්සේ ගැන බොරු කියන්නෙමි.

11 එබැවින්, මාරාන්තික එල දරන මේ නපුරු අතුවලින් පලා යන්න; යමෙකු ඒවා රස බැලුවත්, ඔහු එම ස්ථානයේදීම මිය යයි. මේ අය පියාණන් වහන්සේගේ පැළ නොවේ. 2 මක්නිසාද යත් ඔවුන් එසේ වුවා නම්, ඔවුන් කුරුසියේ අතු ලෙස පෙනෙනු ඇත, ඔවුන්ගේ එල නොනැසී පවතිනු ඇත. උන් වහන්සේ තමන් වහන්සේගේ දුක් විඳීමෙන්, උන් වහන්සේගේ අවයව වන ඔබ කැඳවන ලද කුරුසියෙහි සාමාජිකයන් වනු ඇත. එබැවින්, හිසට සාමාජිකයන් නොමැතිව උපත ලැබිය නොහැකිය, මක්නිසාද යත් දෙවියන් වහන්සේ එකමුතුකම පොරොන්දු වන බැවිනි, එම එකමුතුකම උන් වහන්සේම වන සේක.

23

පෞද්ගලික සුබ පැතුම් සහ සමුගැනීම පිළිබඳ අවසරය

12 ස්මර්ණාවෙහි සිට, මා සමඟ සිටින දෙවියන් වහන්සේගේ සභාවන්, ශාරීරිකව මෙන්ම ආත්මිකව සෑම අතින්ම මට ප්‍රබෝධයක් ලබා දුන් අය සමඟ එක්ව මම ඔබට ආචාර කරමි. 2 ජේසුස් ක්‍රිස්තුන් වහන්සේ වෙනුවෙන් මා බඳින ලද දම්වැල්වල සිටියදී, මා දෙවියන් වහන්සේ වෙත ළඟා වන ලෙස යාච්ඤා කරන අතරතුර මම ඔබට මෙසේ අනුශාසනා කරමි: ඔබේ ඒකමතිකත්වයෙන් හා එකිනෙකා සමඟ යාච්ඤාවෙන් යුතුව නොපසුබටව සිටින්න. මක්නිසාද යත් ඔබ සැමට, විශේෂයෙන් වැඩිමහල්ලන්ට, පියාණන් වහන්සේගේ ගෞරවය ඇතිව සහ ජේසුස් ක්‍රිස්තුන් වහන්සේගේ සහ ප්‍රේරිතයන්ගේ ගෞරවය ඇතිව රදගුරුවරයා දිරිමත් කිරීම සුදුසුය. 3 මා මේ කාරණා ඔබට ලියා ඇති නිසා ඔබට විරුද්ධව සාක්ෂිකරුවෙකු නොවන පිණිස, ඔබ ප්‍රේමයෙන් යුක්තව මට සවන් දෙන ලෙස මම ඉල්ලා සිටිමි. එහෙත් මා වෙනුවෙන්ද යාච්ඤා කරන්න, මක්නිසාද යත් දෙවියන් වහන්සේගේ දයාවෙන් ඔබේ ප්‍රේමය මට අවශ්‍ය වන අතර එමඟින් මා ලබා ගැනීමට ආශා කරන ඉරණමට මා නුසුදුසු අයෙකු නොව, ඒ සඳහා මා සුදුසු යැයි සලකනු ලබන පිණිස යාච්ඤා කරන්න.

13 ස්මර්ණායේ සභාව සහ එපිසවරුන්ගේ ප්‍රේමය ඔබට ආචාර කරයි. සිරියාවේ සභාව ඔබේ යාච්ඤාවලදී සිහි කරන්න, එහි සාමාජිකයෙකු ලෙස සැලකීමට මා සුදුසු නැත, මක්නිසාද යත් මම ඔවුන්ගෙන් ඉතා සුළු තැනැත්තා වන බැවිනි. 2 ජේසුස් ක්‍රිස්තුන් වහන්සේ තුළ සමුගනිමි. ආඥාවට අනුව රදගුරුවරයාට සහ ඒ හා සමානව වැඩිමහල්ලන්ගේ සභාවට යටත් වන්න. ඔබ සියල්ලුදෙනා එකිනෙකාට නොබෙදුණු හදවතකින් යුතුව ප්‍රේම කරන්න. 3 මාගේ ආත්මය දැන් පමණක් නොව, මා දෙවියන් වහන්සේ වෙත ළඟා වන විටත් ඔබට කැපවී ඇත. මක්නිසාද යත් මම තවමත් අනතුරේ සිටිමි, එහෙත් පියාණන් වහන්සේ විශ්වාසවන්තය: ජේසුස් ක්‍රිස්තුන් වහන්සේ තුළ උන් වහන්සේ මාගේ සහ ඔබගේ යාච්ඤාව ඉටු කරනු ඇත. උන් වහන්සේ තුළ අප නිර්දේෂි අය මෙන් දක්නට ලැබේවා.

ඉග්නේෂස් රෝමවරුන්ට ලියූ ලිපිය

ආචාර්ය

මහෝත්තම පියාණන් වහන්සේගේ සහ උන් වහන්සේගේ එකම පුත්‍රයාණෝන් වහන්සේ වන ජේසුස් ක්‍රිස්තුන් වහන්සේගේ මහිමය තුළ දයාව ලැබූ, සභාවෙහි ප්‍රතිරූපය දරන්නා වූ ඉග්නේෂස්, අපගේ දෙවියන් වහන්සේ වන ජේසුස් ක්‍රිස්තුන් වහන්සේ කෙරෙහි ඇදහිල්ල හා ප්‍රේමයට අනුකූලව, පවතින සියල්ල තමාගේ කැමැත්ත තුළ සිදු කළ තැනැන් වහන්සේගේ කැමැත්තෙන් ප්‍රේමණීය හා ආලෝකවත් වූ සභාව, රෝමවරුන්ගේද දිස්ත්‍රික්කයේ නායකත්වය දරන, දෙවියන් වහන්සේට සුදුසු, ගෞරවයට සුදුසු, ආශීර්වාදය ලැබීමට සුදුසු, ප්‍රශංසාවට සුදුසු, සාර්ථකත්වයට සුදුසු, විශුද්ධියට සුදුසු යයි පිළිගත්, එසේම ප්‍රේමයෙන් නායකත්වය හොබවන, ක්‍රිස්තුන් වහන්සේගේ ව්‍යවස්ථාව පිළිපදින, පියාණන් වහන්සේගේ නාමය දරන, පියාණන් වහන්සේගේ පුත්‍රයාණන් වහන්සේ වන ජේසුස් ක්‍රිස්තුන් වහන්සේගේ නාමයෙන් මම ද ආචාර කරමි; දෙවියන් වහන්සේගේ සෑම ආඥවකටම මාංසයෙන් හා ආත්මයෙන් එක්සත් වී, නොසැලී දෙවියන් වහන්සේගේ කරුණා අනුග්‍රහයෙන් පිරී සිටින සහ සියලු පිටසක්වල වර්ණාවලින් පෙරන ලද අයට: අපගේ දෙවියන් වහන්සේ වන ජේසුස් ක්‍රිස්තුන් වහන්සේ තුළ නිර්දේෂි ලෙස හෘදයාංගම සුබ පැතුම් ගෙනෙම්.

තමාගේ ප්‍රාණ පරිත්‍යාගයට බාධා නොකරන ලෙස කරන ලද ඉල්ලීමක්

1 දෙවියන් වහන්සේට යාච්ඥා කිරීමෙන් ඔබගේ දේවහක්තික මුහුණු දැකීමට මට හැකි වූ බැවින්, මා ඉල්ලා සිටි ප්‍රමාණයට වඩා මට ලැබී ඇත. මක්නිසාද යත්, ඉලක්කය කරා ළඟා වීමට මා සුදුස්සෙකු ලෙස සැලකීම උන් වහන්සේගේ කැමැත්ත නම්, ක්‍රිස්තුන් ජේසුස් වහන්සේ වෙනුවෙන් දම්වැල්වලින් බඳින ලදුව ඔබට ආචාර කිරීමට මම බලාපොරොත්තු වෙමි. 2 මක්නිසාද යත් බාධාවකින් තොරව මාගේ ඉරණම වෙත ළඟා වීමට මට කරුණා අනුග්‍රහය ලැබෙන්නේ නම්, ආරම්භය ශුභදායකය. මක්නිසාද යත්, ඔබේ ප්‍රේමයට මම බිය වෙමි, මක්නිසාද යත් ඔබේප්‍රේමය නිසා මට වැරදි සිදු කළ හැකි බැවිනි; මක්නිසාද යත් ඔබට අවශ්‍ය දේ කිරීම ඔබට පහසුය, එහෙත් ඔබ මට අනුකම්පා කර මා මුදා නොහැරියහොත්, මට දෙවියන් වහන්සේ වෙත ළඟා වීම දුෂ්කරය.

2 මක්නිසාද යත් ඔබ මිනිසුන් සතුටු කිරීම මාගේ කැමැත්ත නොවේ. එහෙත් ඔබ ඇත්තටම දැන් කරන ආකාරයට දෙවියන් වහන්සේ සතුටු කරනවාට මම කැමැත්තෙමි. මක්නිසාද යත් මට නැවත කිසිදු දෙවියන් වහන්සේ වෙත ළඟා වීමට මෙවැනි අවස්ථාවක් නොලැබෙනු ඇත, ඔබ නිහඬව සිටියහොත්, ඔබට මෙයට වඩා විශාල ජයග්‍රහණයක් අත්කර ගත නොහැකිය. මක්නිසාද යත් ඔබ නිහඬව සිට මාගේ කාරණාවට ඉඩ හැරියහොත්, මා දෙවියන් වහන්සේගේ වචනයක් වනු ඇත, එහෙත් ඔබ මාගේ මාංසයට ප්‍රේම කරන්නහු නම්, මම නැවතත් හුදු හඬක් වන්නෙමි. 2 පූජාසනයක් සූදානම්ව තිබියදී දෙවියන් වහන්සේට පූජාවක් ලෙස වත් කරනු ලැබීමට ඉඩ හැරීමට වඩා වැඩි දෙයක් මම නොඉල්ලමි. එසේ කිරීමෙන් ඔබට ප්‍රේමයෙන් ජේසුස් ක්‍රිස්තුන් වහන්සේ තුළ පියාණන් වහන්සේට ගායනා කළ හැකිය, මක්නිසාද යත් දෙවියන් වහන්සේ සිරියාවේ රදගුරුවරයා නැගෙනහිරින් කැඳවා බටහිරින් සොයා ගැනීමට සුදුසු යයි විනිශ්චය කර ගණන් ගනු ලබ ඇත. මා උන් වහන්සේ වෙතට නැගී යන පිණිස ලෝකයෙන් දෙවියන් වහන්සේ වෙතට පිටත්ව යාම හොඳය.

ප්‍රාණ පරිත්‍යාගය: කිතුනුවෙකුගේ සැබෑ පරීක්ෂණය

3 ඔබ කිසි විටෙකත් කිසිවෙකුට ඊර්ෂ්‍යා කර නැත; ඔබ අන් අයට ඉගැන්නුවෙහිය. ශ්‍රාවකයන්ට ඉගැන්වීමේදී ඔබ විසින් නිකුත් කරන උපදෙස් ඔබ ක්‍රියාත්මක කරනු ඇති බවට මම ප්‍රාර්ථනා කරමි. 2 මට බාහිරව සහ අභ්‍යන්තරව ශක්තිය ලැබෙන ලෙස යාච්ඤා කරන්න, එවිට මට ඒ ගැන කතා කිරීමට පමණක් නොව ඒ අනුව ජීවත් වීමට ක්‍රියා කිරීමට අවශ්‍ය වන පිණිස යාච්ඤා කරන්න. එසේ කිරීමෙන් මට හුදෙක් මා කිතුනුවෙකු ලෙස හඳුන්වා ගැනීමට පමණක් නොව, එහෙත් සැබවින්ම කිතුනුවෙකු බව ඔප්පු කළ හැකිය. මක්නිසාද යත් මට එසේ කිතුනුවෙකු බව ඔප්පු කිරීමට හැකි නම්, මට කැඳවනු ලැබුවෙකුද විය හැකිය. එසේ මා තවදුරටත් ලෝකයාට නොපෙනෙන විටත් මම විශ්වාසවන්ත වන්නෙම්. 3 දෘශ්‍යමාන කිසිවක් යහපත් නොවේ. මක්නිසාද යත් අපගේ දෙවියන් වහන්සේ වන ජේසුස් ක්‍රිස්තුන් වහන්සේ පියාණන් වහන්සේ තුළ සිටින බැවින් දැන් උන් වහන්සේ වඩාත් දෘශ්‍යමානව සිටිනසේක. කාර්යය ඒත්තු ගැන්වීමේ චතුර කතාවෙන් සිදු නොවේ. ඒ වෙනුවට, ලෝකය විසින් වෛර කරන විට ක්‍රිස්තියානි ධර්මය ශ්‍රේෂ්ඨ බවට පත් වේ.

සැබෑ ශ්‍රාවකයෙකු ලෙස පූජා කරනු ලැබීම

4 මම සියලු සභාවලට ලියන අතර, ඔබ මට බාධා නොකළහොත්, මාගේම කැමැත්තෙන් දෙවියන් වහන්සේ උදෙසා මා මිය යන බව මම සැමට අවධාරණය කරමි. මම ඔබෙන් මෙසේ අයදිමි: මට අහේතුක ලෙස කරුණාවන්ත නොවන්න. දෙවියන් වහන්සේ වෙත ළඟා විය හැකි වන පිණිස සතුන්ට ආහාර වීමට මට ඉඩ දෙන්න. මම දෙවියන් වහන්සේගේ තිරිඟු වෙමි, එසේ මා පිරිසිදු රොටී බව ඔප්පු වන පිණිස වන සතුන්ගේ දත්වලින් මම පොඩි කරනු ලබන්නෙම්. 2 ඊට වඩා යහපත් දෙයක් ඇත. එනම් වන සතුන් මාගේ සොහොන් ගෙය බවට පත් වන පරිදි සහ මාගේ ශරීරයෙන් කිසි කොටසක් ඉතිරි නොකරන ලෙස ඔවුන් පොලඹවන්න, එවිට මා මිය ගිය පසු කිසිවෙකුට බරක් නොවනු

ඇත. එවිට ලෝකය තවදුරටත් මාගේ ශරීරය නොදකින විට, මම සැබවින්ම ජේසුස් ක්‍රිස්තුන් වහන්සේගේ ශ්‍රාවකයෙකු වන්නෙමි. මෙම උපකරණ තුළින් මා දෙවියන් වහන්සේට පූජාවක් බව ඔප්පු කළ හැකි වන පරිදි මා වෙනුවෙන් ස්වාමින් වහන්සේට යාච්ඤා කරන්න. 3 පේදුරු සහ පාවුල් මෙන් මම ඔබට අණ නොකරමි: ඔවුහු ප්‍රේරිතවරු වූහ, මම වරදකරුවෙක්මි; ඔවුහු නිදහස් අය වූහ, එහෙත් මම දැන් පවා වහලෙක්මි. එහෙත් මම දුක් විඳින්නෙම් නම්, මා ජේසුස් ක්‍රිස්තුන් වහන්සේගේ නිදහස් මිනිසෙකු වන අතර උන් වහන්සේ තුළ නිදහස්ව නැගිටුවනුවන ලබන්නෙමි. මේ අතර, සිරකරුවෙකු ලෙස මම කිසිවකට ආශා නොකිරීමට ඉගෙන ගනිමින් සිටිමි.

ප්‍රාණ පරිත්‍යාගයෙන් පලා යාමට නොව, එයට මුහුණ දීමට ඇති ආශාව

5 මම සිරියාවේ සිට රෝමය දක්වා වන සතුන් සමග, ගොඩබිම සහ මුහුදේ, රාත්‍රියේ සහ දිවා කාලයේ, දිවියන් දස දෙනෙකු (එනම් සොල්දදුවන් කණ්ඩායමක්) අතර දම්වැල්වලින් බඳින ලදුව සටන් කරමින් සිටිමි, ඔවුන්ට හොඳින් සලකන විට පමණක් නරක අතට හැරේ. එහෙත් ඔවුන්ගේ හිරිහැර නිසා මම වඩ වඩාත් ශ්‍රාවකයෙකු බවට පත්වෙමින් සිටිමි; කෙසේ වෙතත්, එමගින් මම ධර්මිෂ්ඨ කරනු නොලබන්නෙමි. 2 මා වෙනුවෙන් සුදනම් කර ඇති වන සතුන්ගේ සතුට මට ලැබේවා; ඔවුන් මා කඩිනමින් කෑමට හැකි වන පරිදි මම යාච්ඤා කරමි. ඔවුන් ස්පර්ශ කිරීමට බිය වූ සමහරුන් කළාක් මෙන් නොව, ඉක්මනින් මා ගිල දැමීමට මම ඔවුන් පොලඹවන්නෙම්. මා එයට කැමැත්තෙන් හා සුදනමින් සිටින විට ඔවුන් සුදනම් නැති නම්, මම ඔවුන්ට බල කරමි. 3 මා ගැන ඉවසන්නමට යහපත් දේ කුමක්ද යන්න මම දනිමි. දැන් මම අවසානයේ ශ්‍රාවකයෙකු වීමට පටන් ගෙන සිටිමි. මට ජේසුස් ක්‍රිස්තුන් වහන්සේ වෙත ළඟා වීමට හැකි වන පරිදි දෘශ්‍යමාන හෝ අදෘශ්‍යමාන කිසිවක් මට ඊර්ෂ්‍යා නොකරාවා. ගින්න සහ කුරුසිය මෙන්ම වන සතුන් සමග සටන්, තුවාල, අස්ථි බිඳීම්, අත් පා කැපීම, මාගේ මුළු ශරීරයම පොඩි කිරීම, යක්ෂයාගේ කුරිරු වධහිංසා මේවා මා

වෙත පැමිණේවා, මට ජේසුස් ක්‍රිස්තුන් වහන්සේ වෙත ළඟා වීමට පමණක් ඉඩ දෙන්න!

6 පොලොවේ කෙළවරින් හෝ මේ යුගයේ රාජ්‍යයන්ගෙන් හෝ මට කිසිදු ප්‍රයෝජනයක් නැත. පොලොවේ කෙළවර පාලනය කිරීමට වඩා ජේසුස් ක්‍රිස්තුන් වහන්සේ වෙනුවෙන් මිය යාම මට යහපතකි. මම අප වෙනුවෙන් මිය ගිය උන් වහන්සේ සොයමි, අප වෙනුවෙන් නැවත නැඟිටි උන් වහන්සේ කෙරෙහි මම ආශා වෙමි. උපතේ වේදනාවන් මා කෙරෙහි ඇත.

මරණය තුළින් ජීවිතය සඳහා ඇති ආශාව

2 සහෝදර සහෝදරියනි, මා ගැන ඉවසන්න: මා ජීවත් වීමෙන් නොවළක්වන්න; මාගේ මරණයට ආශා නොකරන්න. දෙවියන් වහන්සේට අයිති වීමට කැමති කෙනෙකු ලෝකයට භාර නොදෙන්න. නැතිනම් එවැනි පුද්ගලයෙකු දුවයමය දේවලින් පරීක්ෂා කිරීමට උත්සාහ නොකරන්න. මට පිරිසිදු ආලෝකය ලැබේවා, මක්නිසාද යත් මා එහි ළඟා වූ කල, මම මිනිසෙකු වන්නෙමි. 3 මාගේ දෙවියන් වහන්සේගේ දුක් වේදනා අනුකරණය කරන්නෙකු වීමට මට ඉඩ දෙන්න. යමෙකු තුළ උන් වහන්සේ සිටින සේක් නම්, එම පුද්ගලයා මා ආශා කරන දේ තේරුම් ගෙන, මා සීමා කරන්නේ කුමක්දැයි දැනගෙන මා කෙරෙහි අනුකම්පා කරාවා.

7 මේ යුගයේ පාලකයා මා වහල්භාවයට ගෙන මාගේ භක්තිවන්ත අභිප්‍රායන් දූෂණය කිරීම කැමතිය. එබැවින්, මෙහි සිටින ඔබගෙන් කිසිවෙකුත් ඔහුට උදව් නොකළ යුතුය. ඒ වෙනුවට මාගේ පැත්ත, එනම් දෙවියන් වහන්සේගේ පැත්ත ගන්න. ඔබ ලෝකයට ආශා කරන අතරතුර ජේසුස් ක්‍රිස්තුන් වහන්සේ ගැන කතා නොකරන්න. 2 ඔබ අතර ඊර්ෂ්‍යාව වාසය කිරීමට ඉඩ නොදෙන්න. එසේ මා පැමිණි කල මා ඔබට ආයාචනා කළ යුතු වන පිණිස, මා විසින් එය ඒත්තු ගන්වනු ලැබිය යුතු නැත. ඒ වෙනුවට මා ඔබට ලියන මේ දේවල් විශ්වාස කරන්න. මක්නිසාද යත් මා තවමත් ජීවතුන් අතර සිටියත්, මා ඔබට ලියන විටත් මම මරණයට දැඩි ලෙස ආදරය කරමි. මාගේ දැඩි

ප්‍රේමය කුරුසියේ ඇණ ගසනු ලැබ ඇත, මා තුළ දව්‍යමය ආශාවේ ගින්නක් නැත, එහෙත් මා තුළ ජීවත් වන සහ කතා කරන ජලයට පමණක් ආශා කරමි, එය මට මෙසේ පවසයි: "පියාණන් වහන්සේ වෙත එන්න." 3 දිරා යන ආහාර හෝ මේ ජීවිතයේ සැප සම්පත් ගැන මම සතුටු නොවෙමි. මට දෙවියන් වහන්සේගේ ආහාරය වන දාවිත්ගේ වංශයෙන් පැමිණි ක්‍රිස්තුන් වහන්සේගේ මාංසය අවශ්‍යයි; එසේම පානය සඳහා මට උන් වහන්සේගේ රුධිරය වන නොදිරන ප්‍රේමය අවශ්‍යයි.

8 මට තවදුරටත් මිනිස් ප්‍රමිතීන්ට අනුව ජීවත් වීමට අවශ්‍ය නැත. ඔබ එයට කැමති නම්, එසේ වනු ඇත. එසේ කිරීමට ඔබත් ආසාවෙන් සිටින පිණිස ආසා කරන්න! 2 මෙම කෙටි වදන් පේළිවලින් මම ඔබෙන් මාගේ ඉල්ලීම කරමි. මා විශ්වාස කරන්න! පියාණන් වහන්සේ සැබවින්ම කතා කළ නොවරදින මුඛය වන ජේසුස් ක්‍රිස්තුන් වහන්සේ තුළින්, මම සැබෑව කතා කරන බව ඔබට පැහැදිලි කරනු ඇත. 3 මට ඉලක්කය කරා ළඟා වීමට හැකි වන පරිදි මා වෙනුවෙන් යාච්ඤා කරන්න. මා ඔබට ලියන්නේ මිනිස් දෘෂ්ටිකෝණයට අනුව නොව දෙවියන් වහන්සේගේ මනසට අනුකූලවය. මම දුක් විඳින්නෙම් නම්, ඔබට එය ලබාගැනීමට කැමැත්ත ඇති වනු ඇත; මා ප්‍රතික්ෂේප කරනු ලැබුවහොත්, ඔබ මට වෙර කරනු ඇත.

පෞද්ගලික සුබ පැතුම් සහ සමුගැනීම පිළිබඳ අවසරය

9 මා වෙනුවට දෙවියන් වහන්සේ එඬේරා ලෙස සිටින සිරියාවේ සභාව ඔබේ යාච්ඤාවලදී සිහි කරන්න. ඔබ ප්‍රේම කරන ආකාරයටම ජේසුස් ක්‍රිස්තුන් වහන්සේ පමණක්ම එහි රදගුරුවරයා වනු ඇත. 2 එහෙත් මම ඔවුන් අතර ගණන් ගැනීමට ලජ්ජ වෙමි, මක්නිසාද යත් මා ඔවුන්ගෙන් අන්තිමයා සහ අකලට උපන් තැනැත්තෙකු බැවින් මා එයට සුදුස නැත. එහෙත් මා දෙවියන් වහන්සේ වෙත ළඟා වුවහොත් එවැනි සුදුසු කෙනෙකු වීමට මට දයාව ලැබී ඇත. 3 ජේසුස් ක්‍රිස්තුන් වහන්සේගේ නාමයෙන් මා පිළිගෙන, හුදෙක් තාවකාලික

සංචාරකයෙකු ලෙස මා නොසලකා, ප්‍රේමයෙන් මා පිළිගත් සභාවන් සහ මාගේ ආත්මයද ඔබට ආචාර කරයි. මක්නිසාද යත්, මගේ මාර්ගයේ නොසිටි සභාවන් පවා (එනම්, මගේ භෞතික මාර්ගය) මට පෙර නගරයෙන් නගරයට ගියේය.

10 ස්මර්ණාවේ සිට එපිසවරුන් තුළින් මම මේ දේවල් ඔබට ලියන්නෙමි, ඔවුහු ආශීර්වාද ලැබීමට වඩාත්ම සුදුසු අය වෙති. මා හා, තවත් බොහෝ දෙනෙකු සමඟ, ක්‍රොකස් සිටියි. ඔහු මට ඉතා ආදරණීය අයෙකි. 2 සිරියාවේ සිට රෝමයට දෙවියන් වහන්සේගේ මහිමය සඳහා මට පෙර ගිය අය සම්බන්ධයෙන්, ඔබට තොරතුරු ඇති බව මම විශ්වාස කරමි. මා සමීප බව ඔවුන්ට දන්වන්න, මක්නිසාද යත් ඔවුන් සියල්ලෝම දෙවියන් වහන්සේටත් ඔබටත් වටිනා අය වෙති. එසේ සැම අතින්ම ඔවුන් ප්‍රබෝධවත් කිරීම ඔබට සුදුසුය. 3 මා මේ කරුණු ඔබට ලියන්නේ සැප්තැම්බර් දින දර්ශනවලට පෙර නවවන දිනයේදී, එනම් සැප්තැම්බර් මාසයේ පළමු දිනට දින නවයකට පෙරය. ජේසුස් ක්‍රිස්තුන් වහන්සේගේ ඉවසිලිවන්ත විඳ දරාගැනීමෙහි අවසානය තෙක් සමුගනිමි.

ඉග්නේෂස් පිලදෙල්පියානුවන්ට ලියු ලිපිය

ආචාර්ය

ආසියාවේ පිලදෙල්පියාවේ පිහිටි පියාණන් වන දෙවියන් වහන්සේගේ සහ ජේසුස් ක්‍රිස්තුන් වහන්සේගේ සභාවට ප්‍රතිරූපය දරන්නා වන ඉග්නේෂස්, දයාව ලබාගෙන, දේව සමගියෙන් ස්ථීරව පිහිටුවනු ලදුව, අපගේ ස්වාමින් වහන්සේගේ දුක් වේදනා තුළ නොසැලෙමින් ප්‍රීති වන, සියලු දයාවෙන් උන් වහන්සේගේ නැවත නැගිටීම ගැන සම්පූර්ණයෙන්ම ඒත්තු ගන්වනු ලැබූ, ජේසුස් ක්‍රිස්තුන් වහන්සේගේ රුධිරයෙන් මම ආචාර කරමි. විශේෂයෙන්ම ඔවුන්, ජේසුස් ක්‍රිස්තුන් වහන්සේගේ කැමැත්තෙන් පත් කර ඇති, උන් වහන්සේ විසින්ම, උන් වහන්සේගේම කැමැත්තට අනුව, උන් වහන්සේගේ ශුද්ධාත්මයාණන් වහන්සේ විසින් ආරක්ෂිතව ස්ථාපිත කරන ලද, රදගුරුවරයා සහ ඔහු සමග සිටින වැඩිමහල්ලන් සහ උපස්ථායකයන් සමග එකමුතුව සිටින්නේ නම් එය සදකාලික හා කල් පවතින ප්‍රීතියකි.

රදගුරුවරයාට ප්‍රශංසා කිරීම

1 රදගුරුවරයාට (මුළු ප්‍රජාවම උදෙසා) දේවසේවයක් ලැබුණේ ඔහුගේම උත්සාහයෙන් හෝ මිනිසුන් තුලින් හෝ නිෂ්ඵලකමෙන් හෝ නොව, එහෙත් පියාණන් වහන්සේ වන දෙවියන් වහන්සේට සහ ස්වාමින් වහන්සේ වන ජේසුස් ක්‍රිස්තුන් වහන්සේට ඇති

ප්‍රේමය තුළ බව මම දනිමි. ඔහුගේ ඉවසීම ගැන මම පැහැදුණෙමි; කතා කිරීමෙන් අන් අය කරන දේට වඩා ඔහු නිශ්ශබ්දතාවයෙන් වැඩි යමක් ඉටු කරයි. 2 මක්නිසාද යත් ඔහු වීණාවෙහි තත්වලට අනුගත වන්නාක් මෙන් ආඥවලට අනුගත වේ. එබැවින්, මාගේ ආත්මය ඔහුගේ දේවභක්තික මනසට (එය ගුණවත් හා පරිපූර්ණ බව හොඳින් දන්නා නිසා), ඔහුගේ ස්ථීර චරිත ගුණාංගවලට සහ කෝපය නොමැතිකමට, සියලු දේවභක්තික මෘදුකමෙන් ජීවත් වන කෙනෙකු ලෙස ආශීර්වාද කරයි.

බෙදීම් සම්බන්ධ අනතුරු ඇඟවීම්

2 එබැවින්, සත්‍යයේ ආලෝකයේ දරුවන් ලෙස, භේදයෙන් හා බොරු ඉගැන්වීම්වලින් පලා යන්න. බැටළුවන් මෙන් එඬේරා සිටින තැනට ඒ පසුපස හඹා යන්න. 2 මක්නිසාද යත් බොහෝ විශ්වාසය තැබිය හැකි වෘකයෝ දුෂ්ට සන්තෘෂ්ටිය කරණකොටගෙන දෙවියන් වහන්සේගේ තරගයේ ධාවකයන් වහල්භාවයට ගෙන යාමට උත්සාහ කරති; එහෙත් ඔබේ එකමුතුකම තුළ ඔවුන්ට කිසිදු අවස්ථාවක් සොයාගත නොහැකිය.

3 ජේසුස් ක්‍රිස්තුන් වහන්සේ විසින් වගා නොකරන ලද නපුරු ශාකවලින් ඈත් වන්න, මක්නිසාද යත් ඒවා පියාණන් වහන්සේගේ පැළ නොවේ. මා මෙසේ පවසන්නේ ඔබ අතර කිසිදු භේදයක් දුටු නිසා නොවේ: ඒ වෙනුවට, පවිත්‍ර කිරීමක් සිදු වී ඇති බව මට පෙනී ගියේය. 2 මක්නිසාද යත් දෙවියන් වහන්සේට සහ ජේසුස් ක්‍රිස්තුන් වහන්සේට අයත් සියලු දෙනාම රදගුරුවරයා සමග සිටිති. එසේම පසුතැවිලි වී සභාවේ එකමුතුවට ඇතුළු වන සියල්ලන්ම දෙවියන් වහන්සේට අයිති වන ඇත. එසේ වන්නේ ඔවුන් ජේසුස් ක්‍රිස්තුන් වහන්සේට අනුකූලව ජීවත් වන පිණිසය. 3 මාගේ සහෝදර සහෝදරියනි, නොමඟ නොයන්න: යමෙක් භේද කරන්නෙකු අනුගමනය කරන්නේ නම්, ඔවුන්ට දෙවියන් වහන්සේගේ රාජ්‍ය උරුම නොවනු ඇත. යමෙකු වෙනස් අදහස් දරන්නේ නම්, ඔවුහු දුක් විඳීමෙන් තමන්ම වෙන් කර ගනිති.

4 එබැවින්, එක් දිව්‍ය සත්ප්‍රසාද පූජාවකට සහභාගී වීමට වගබලා ගන්න (මක්නිසාද යත් ඇත්තේ අපගේ ස්වාමින් වන ජේසුස් ක්‍රිස්තුන් වහන්සේගේ එක් මාංසයක් සහ උන් වහන්සේගේ රුධිරය තුළින් එක්සත්කමට මග පෙන්වන එක් කුසලානක් පමණි; මාගේ සෙසු සේවකයන් වන වැඩිමහල්ලන්ගේ සහ උපස්ථායකවරුන්ගේ මණ්ඩලය සමග ඇත්තේ එක් රදගුරුවරයෙකු පමණක් වන ආකාරයටම, ඇත්තේ එක් පූජාසනයකි). එසේ වන්නේ ඔබ කරන ඕනෑම දෙයකදී දෙවියන් වහන්සේට අනුකූලව එය කරන පිණිසය.

සුබ අස්න තුළ සහ සභාව තුළ ඇති ආරක්ෂාව

5 මාගේ සහෝදර සහෝදරියනි, මා ඔබ කෙරෙහි ඇති ප්‍රේමයෙන් පිරී ඉතිරී යන අතර, ඔබගේ ආරක්ෂාව ගැන බලා සිටින විට මම බොහෝ සේ ප්‍රීතියට පත් වෙමි; එහෙත් මා නොව, ජේසුස් ක්‍රිස්තුන් වහන්සේ එසේ ප්‍රීති වන සේක. මා උන් වහන්සේ වෙනුවෙන් දම්වැල්වලින් බැඳිනු ලැබ සිටියද, මා තවමත් අසම්පූර්ණ බැවින් මම ඊටත් වඩා බිය වෙමි. එහෙත් දෙවියන් වහන්සේට ඔබ කරන යාච්ඤාව මා පරිපූර්ණ කරනු ඇත. එසේ වන්නේ මා ජේසුස් වහන්සේගේ මාංසය ලෙස සුබ අස්නෙහි සහ සභාවේ වැඩිමහල්ලන්ගේ මණ්ඩලය ලෙස ප්‍රේරිතයන් තුළ රැකවරණය ලබා ඇති බැවින්, මට දයාව ලැබුණු ඉරණාම මට අත්කර ගත හැකි වන පිණිසය. 2 තවද අපි දිවැසිවරුන්ටද ප්‍රේම කරමු, මක්නිසාද යත් ඔවුන් ඔවුන්ගේ දේශනා කිරීමේදී සුබ අස්න අපේක්ෂා කළ නිසාත්, උන් වහන්සේ කෙරෙහි ඔවුන්ගේ බලාපොරොත්තුව තබා උන් වහන්සේ පැමිණෙන තුරු බලා සිටි නිසාත්ය; ඔවුන්ද උන් වහන්සේ කෙරෙහි විශ්වාස කළ නිසා, ඔවුනු ගැළවීම ලැබුහ. මක්නිසාද යත් ඔවුන් ජේසුස් ක්‍රිස්තුන් වහන්සේ තුළ කේන්ද්‍රගත වූ එක්සත්කමට අයිති වන බැවින්, ප්‍රේමය හා ප්‍රශංසාව ලැබීමට සුදුසු ශුද්ධවන්තයන්, ජේසුස් ක්‍රිස්තුන් වහන්සේ විසින් අනුමත කරන ලද සහ අපගේ පොදු බලාපොරොත්තුවේ සුබ අස්නට ඇතුළත් කර ඇති බැවිනි.

ජුදෙව් ආගම සම්බන්ධයෙන් අනතුරු ඇඟවීම්

6 එහෙත් යමෙකු ඔබට ජුදෙව් ආගම පැහැදිලි කරන්නේ නම්, ඔහුට සවන් නොදෙන්න. මක්නිසාද යත්, චර්මඡේදනය නොවූ අයෙකුගෙන් ජුදෙව් ආගම ගැන අසනවාට වඩා චර්මඡේදනය වූ මිනිසෙකුගෙන් ක්‍රිස්තියානි ධර්මය ගැන අසන්නට ලැබීම යහපත්ය. එහෙත් ඔවුන්ගෙන් එක් අයෙකු හෝ ජේසුස් ක්‍රිස්තුන් ගැන කතා කිරීමට අපොහොසත් වුවහොත්, මා ඔවුන් දෙස බලන්නේ, මිනිසුන්ගේ නම් පමණක් ලියා ඇති මළවුන්ගේ සොහොන් ගල් සහ සොහොන් ගෙවල් ලෙසයි. 2 එබැවින්, මේ යුගයේ පාලකයාගේ උපායවලින් ඔබ වෙහෙසට පත් නොවන පිණිසත්, ප්‍රේමයෙන් දුර්වල නොවන පිණිසත්, ඔහුගේ නපුරු උපක්‍රම සහ උගුල්වලින් පලා යන්න. ඒ වෙනුවට, ඔබ සැම දෙනාම නොබෙදුණු හදවතකින් එක්රැස් වන්න.

පිලදෙල්ඵියාවේ සභාව සමඟ කටයුතු කිරීම

3 ඔබ සමඟ කටයුතු කිරීමේදී මට පිරිසිදු හෘදයසාක්ෂියක් ඇති බැවින් මාගේ දෙවියන් වහන්සේට ස්තුති කරමි. තවද, කුඩා හෝ ලොකු කිසිවෙකුට බරක් වූ බවට පෞද්ගලිකව හෝ ප්‍රසිද්ධියේ කිසිවෙකුට පුරසාරම් දෙඩීමට නොහැකි බැවින් ස්තුති කරමි. එපමණක් නොව, මා කතා කළ සියලුදෙනාම මා පැවසූ දේ ඔවුන්ට විරුද්ධව සාක්ෂියක් නොවන ලෙසට මම යාච්ඤා කරමි.

7 මක්නිසාද යත් ඇතැම් අය මා රවටා ගැනීමට කැමති වුවද, මනුෂ්‍ය ආකාරයකින් කතා කරමි, ආත්මයාණන් වහන්සේ රැවටෙන්නේ නැත, මක්නිසාද යත් එය දෙවියන් වහන්සේගෙන් පැමිණෙන්නේය; එය පැමිණෙන්නේ කොතැනින්ද, යන්නේ කොතැනටද කියා එය දනියි. එසේම එය සැඟවුණු දේවල් එළිදරව් කරන්නේය. මම ඔබ සමඟ සිටියදී මොරගැසුවෙම්; මම දෙවියන් වහන්සේගේ හඬින්, උස් හඬින් කතා කළෙම්: "රදගුරුවරයාට, වැඩිමහල්ලන්ගේ මණ්ඩලයට සහ උපස්ථායකයන්ට අවධානය යොමු කරන්න." 2 නිසැකවම, ඇතැම් පුද්ගලයන් විසින් ඇති කරන ලද භේදය ගැන මා කලින්

දැන සිටි නිසා මා මේ දේවල් පැවසූ බවට සැක කළ අය සිටියහ. එහෙත් මා දම්වැල්වලින් බැඳුම් ලැබ සිටින්නේ කා වෙනුවෙන්ද, මෙය කිසිම මිනිසෙකුගෙන් මා දැන නොගත් බවට උන් වහන්සේ මාගේ සාක්ෂිකරුවෙකි. නැත, ආත්මයාණන් වහන්සේම දේශනා කරමින්, මෙම වචන පවසමින් සිටි සේක: "රදගුරුවරයා නොමැතිව කිසිවක් නොකරන්න. දෙවියන් වහන්සේගේ මාලිගාව මෙන් ඔබේ ශරීර ආරක්ෂා කරන්න. එකමුතුකමට ප්‍රේම කරන්න. භේදවලින් පලා යන්න. ජේසුස් ක්‍රිස්තුන් වහන්සේ තමන් වහන්සේගේ පියාණන් වහන්සේ අනුකරණය කළාක් මෙන් උන් වහන්සේ අනුකරණය කරන්නන් වන්න."

8 එබැවින්, එකමුතුකම මත පදනම් වූ මිනිසෙකු ලෙස මම මාගේ කොටස ඉටු කළෙමි. එහෙත් බෙදීම් සහ කෝපය ඇති තැන දෙවියන් වහන්සේ වාසය නොකරන සේක. කෙසේ වෙතත්, පසුතැවිලි වන සියල්ලන්ට ස්වාමින් වහන්සේ සමාව දෙන සේක, ඔවුන් පසුතැවිලි වී දෙවියන් වහන්සේගේ එකමුතුකමට සහ රදගුරුවරයාගේ සභාවට නැවත පැමිණියහොත් සමාව දෙන සේක. මම ජේසුස් ක්‍රිස්තුන් වහන්සේගේ කරුණා අනුග්‍රහය විශ්වාස කරමි, උන් වහන්සේ ඔබ සියලු සීමාවන්ගෙන් නිදහස් කරනු ඇත.

සුබ අස්න සහ ජුදෙව් ආගම අතර වෙනස

2 තවද, ක්‍රිස්තුන් වහන්සේගේ ඉගැන්වීමට අනුකූලව මිස, විවාදශීලී ආත්මයකින් කිසිවක් නොකරන ලෙස මම ඔබෙන් ඉල්ලා සිටිමි. මක්නිසාද යත්, "ලේඛනවල මට එය සොයාගත නොහැකි නම්, මම එය සුබ අස්නෙහි ඇත බවට විශ්වාස නොකරමි" යනුවෙන් සමහරුන් පවසනු මම අසා ඇත්තෙමි. "ලියා තිබේ" යැයි මා ඔවුන්ට පැවසූ විට, "ප්‍රශ්නය නිසැක ලෙසම එයි" යනුවෙන් ඔවුහු මට පිලිතුරු දුන්හ. එහෙත් මට නම්, "ලේඛන" යනු ජේසුස් ක්‍රිස්තුන් වහන්සේය, වෙනස් කළ නොහැකි ලේඛන යනු උන්ම වහන්සේගේ කුරුසිය සහ මරණය සහ උන් වහන්සේගේ නැවත නැගිටීම සහ උන් වහන්සේ තුලින් එන ඇදහිල්ලය; මේ දේවල් තුලින්, ඔබගේ යාච්ඤා තුලින්, මම ධර්මිෂ්ඨ කරනු ලැබීමට කැමැත්තෙමි.

9 පූජකයෝද යහපත් අය වූහ, එහෙත් අතිශුද්ධස්ථානය භාර දී ඇති උත්තම පූජකයා වඩා යහපත්ය; දෙවියන් වහන්සේගේ සැගවුණු දේවල් භාර දී ඇත්තේ ඔහුට පමණි, මක්නිසාද යත් ඔහුම පියාණන් වහන්සේගේ දෙරටුව වන බැවිනි. එසේ එම දෙරටුව තුළින් ආබ්‍රහම්, ඊසාක්, යාකොබ් සහ දිවැසිවරුන් සහ ප්‍රේරිතයන් මෙන්ම සභාව ඇතුළු වේ. මේ සියලුදෙනා දෙවියන් වහන්සේගේ එකමුතුවෙන් එකට පැමිණේ. 2 එහෙත් සුබ අස්නෙහි සුවිශේෂී දෙයක් ඇත, එනම්, අපගේ ස්වාමීන් වහන්සේ වන ජේසුස් ක්‍රිස්තුන් වහන්සේගේඑනම්, ගැළවුම්කරුවාණන් වහන්සේගේ පැමිණීම, උන් වහන්සේගේ දුක් විඳීම සහ නැවත නැගිටීම එහි දක්වා ඇත. මක්නිසාද යත් ආදරණීය දිවැසිවරු උන් වහන්සේගේ පැමිණීම අපේක්ෂාවෙන් දේශනා කළහ, එහෙත් සුබ අස්න යනු නොනැසී පවතින නිම කරන ලද කාර්යයයි. ඔබ ප්‍රේමයෙන් විශ්වාස කරන්නෙහි නම් මේ සියල්ල එකට යහපත්ය.

පෞද්ගලික සුබ පැතුම් සහ සමුගැනීම පිළිබඳ අවසරය

10 ඔබගේ යාච්ඤාවට සහ ක්‍රිස්තුන් ජේසුස් වහන්සෙ තුළ ඔබ දක්වන අනුකම්පාවට ප්‍රතිචාර වශයෙන් සිරියාවේ අන්තියෝකියේ සභාව සාමයෙන් සිටින බව මට වාර්තා වී ඇත. දෙවියන් වහන්සේගේ තානාපතිවරයෙකු ලෙස එහි යාමට උපස්ථායකයෙකු පත් කිරීම, ඔවුන් එක්රුස් වූ විට ඔවුන්ට සුබ පැතීම සහ නාමය මහිමයට පත් කිරීම දෙවියන් වහන්සේගේ සභාවක් ලෙස ඔබට සුදුසුය. 2 එවැනි සේවයක් ලැබීමට සුදුසු යැයි විනිශ්චය කරනු ලබන තැනැත්තා ක්‍රිස්තුන් ජේසුස් වහන්සෙ තුළ ආශීර්වාද ලද්දෙක් වේ. එසේ ඔබම මහිමයට පත් කරනු ලැබේ. ඔබ කැමති නම්, දෙවියන් වහන්සේගේ නාමය වෙනුවෙන් මෙය සිදු කිරීමට ඔබට නිසැකවම නොහැකි නොවේ; ඇත්ත වශයෙන්ම, අසල්වැසි සභාවල රදගුරුවරුන් සහ අනෙකුත් වැඩිමහල්ලන් සහ උපස්ථායකවරුන් එහි යවා ඇත.

11 යහපත් කීර්තියක් සහිත සිලිසියාවේ උපස්ථායකයෙකු වූ ෆිලෝ ගැන දැන් පවසමි. මේ ජීවිතය අත්හැර සිරියාවේ සිට මා අනුගමනය කළ තෝරාගත් මිනිසෙකු වන රායස් අගතෝප්ස් සමඟ ඔහු තවමත් දෙවියන් වහන්සේගේ වචනයෙන් මට සහාය වන මිනිසෙකි: ඔවුහු ඔබ ගැන යහපත් ලෙස කතා කරති. එසේ ඔබ වෙනුවෙන් මම දෙවියන් වහන්සේට ස්තුති කරමි, මක්නිසාද යත් ස්වාමින් වහන්සේ ඔබ පිළිගත් ආකාරයටම ඔබ ඔවුන් පිළිගත් බැවිනි. එහෙත් ඔවුන්ට අගෞරව කළ අය ජේසුස් ක්‍රිස්තුන් වහන්සේගේ කරුණා අනුග්‍රහයෙන් මුද ගනු ලැබේවා. 2 ත්‍රෝවස්හි සහෝදර සහෝදරියන්ගේ ප්‍රේමය ඔබට ආචාර කරයි. එපිසවරුන් සහ ස්මර්ණාවේ අය විසින් මා වෙත ගෞරවයේ සංකේතයක් ලෙස එවන ලද බුරස් තුළින් මම ත්‍රෝවසයේ සිට ඔබට ලියමි. ස්වාමින් වහන්සේ වන ජේසුස් ක්‍රිස්තුන් වහන්සේ ඔවුන්ට ගෞරව කරනු ඇත; ඔවුන් ඇදහිල්ල, ප්‍රේමය සහ සමඟිය සමඟ ශරීරය, ආත්මය සහ ප්‍රාණය කෙරෙහි ඔවුන්ගේ බලාපොරොත්තුව උන් වහන්සේ මත තබා ඇත. අපගේ පොදු බලාපොරොත්තුව වන ක්‍රිස්තුන් ජේසුස් වහන්සෙ තුළ සමුගනිමි.

ඉග්නේෂස් ස්මර්ණායේ සභාවට ලියූ ලිපිය

ආචාර්ය

ආසියාවේ ස්මර්ණාවෙහි දෙවියන් වහන්සේ වන පියාණන් වහන්සේගේ සහ ප්‍රේමණීය ජේසුස් ක්‍රිස්තුන් වහන්සේගේ සභාවට ප්‍රතිරූපය දරන්නා වූ, දයානුකම්පිතව දනය කරන ලද සියලු ආත්මික දීමනාවලින් හෙබි, ඇදහිල්ලෙන් හා ප්‍රේමයෙන් පිරි, කිසිදු ආත්මික දීමනාවකින් අඩුවක් නැති, දෙවියන් වහන්සේට ඉතා සුදුසු, ශුද්ධ දේ දරන ඉග්නේෂස්,: නිර්දේෂී ආත්මයකින් සහ දෙවියන් වහන්සේගේ වචනයෙන් හෘදයාංගම සුබ පැතුම් ගෙනෙයි.

ජේසුස් වහන්සෙගේ මිනිස් අත්දැකීම්වල යථාර්ථය

1 ඔබ මෙතරම් ප්‍රඥවන්ත අය බවට පත් කළ දෙවියන් වහන්සේ වන ජේසුස් ක්‍රිස්තුන් වහන්සේ මම මහිමයට පත් කරමි. මක්නිසාද යත් ඔබ නොසැලෙන ඇදහිල්ලකින් ස්ථාපිත වී සිටින බවත්, ශරීරයෙන් හා ආත්මයෙන් ස්වාමින් වන ජේසුස් ක්‍රිස්තුන් වහන්සේගේ කුරුසියට ඇණ ගසා ඇති බවත්, ක්‍රිස්තුන් වහන්සේගේ රුධිරයෙන් ප්‍රේමයෙන් ස්ථීරව පිහිටුවනු ලැබ ඇති බවත්, අපගේ ස්වාමින් වහන්සේගේ මිනිස් ආගමනය සම්බන්ධයෙන් උන් වහන්සේ සැබවින්ම දාවිත්ගේ පවුලෙන් පැමිණි බවත්, දිව්‍යමය කැමැත්ත හා බලය සම්බන්ධයෙන් දෙවියන් වහන්සේගේ පුත්‍රයාණන් බවත්, සැබවින්ම කන්‍යාවකගෙන් උපත ලැබූ බවත්, සියලු ධර්මිෂ්ඨකම උන් වහන්සේ විසින් සම්පූර්ණ කරනු ලබන පිණිස ජොහන් කරණකොටගෙන බෝතීස්ම ස්නාපනය ලද බවත් ඔබ විශ්වාස

කරන බව මට නිරීක්ෂණය විය. 2 පොන්තියුස් පිලාත් සහ පළාත් ප්‍රධානි හෙරෝද් යටතේ අප වෙනුවෙන් මාංසයෙන් ඇණ ගසනු ලැබූ සේක (එහි එලයෙන් අපි අපගේ පැවැත්ම ලබා ගනිමු, එනම්, උන් වහන්සේගේ දිව්‍යමය වශයෙන් ආශිර්වාද ලත් දුක් වේදනාවලින් අපි අපගේ පැවැත්ම ලබා ගනිමුව). උන් වහන්සේ තමන් වහන්සේගේ නැවත නැගිටීම තුළින් උන් වහන්සේගේ ශුද්ධවන්තයන් සහ ඇදහිලිවන්ත ජනතාව සඳහා, ජුදෙව්වන් අතර හෝ අන්‍යජාතීන් අතර, උන් වහන්සේගේ එකම ශරීරය වන සභාව තුළ, සදහටම ධජයක් ඔසවන පිණිස එසේ සිදු විය.

2 මක්නිසාද යත් උන්වහන්සේ මේ සියල්ල වින්දේ අප උදෙසාය, එසේ කළේ අප ගලවා ගැනීම සඳහාය; තවද උන් වහන්සේ සැබවින්ම තමන් වහන්සේම නැගිටුවනු ලැබූ ආකාරයටම සැබවින්ම දුක් වින්ද සේක_ඇතැම් නොඇදහිලිවන්තයන් උන් වහන්සේ දුක් වින්දේ පෙනුමෙන් පමණක් බව පැවසුවද එය එසේ නොවේ (පෙනුමෙන් පමණක් සිටින්නේ ඔවුන්ය!). ඇත්ත වශයෙන්ම, ඔවුන්ගේ ඉරණම තීරණය වන්නේ ඔවුන් සිතන දේ අනුවය: ඔවුන් ශරීරයෙන් ඉවත් වී යක්ෂයන් බවට පත්වනු ඇත.

3 නැවත නැගිටීමෙන් පසු පවා උන් වහන්සේ මාංසයේ සිටි බව මම දනිමි, එසේම එය විශ්වාස කරමි. 2 උන් වහන්සේ පේදුරු සහ ඔහු සමග සිටි අය වෙත පැමිණි විට, උන් වහන්සේ ඔවුන්ට මෙසේ කී සේක: "මා ස්පර්ශ කරන්න; මා ස්පර්ශ කරන්න, මා ශරීරයෙන් ඉවත් වූ යක්ෂ ආත්මයක් නොවන බව බලන්න." එසේ උන්වහන්සේගේ මාංසය හා රුධිරය සමග සමීපව සම්බන්ධ වී, වහාම ඔවුහු උන් වහන්සේ ස්පර්ශ කර විශ්වාස කළහ. මේ හේතුව නිසා, ඔවුහුද මරණය හෙළා දුටහ; ඇත්ත වශයෙන්ම, ඔවුහු මරණයට වඩා උතුම් බව ඔප්පු කළහ. 3 උන් වහන්සේගේ නැවත නැගිටීමෙන් පසුව, උන් වහන්සේ මාංසයෙන් සැදුණු කෙනෙකු මෙන් ඔවුන් සමග කෑ සේක, බී සේක. එහෙත් ආත්මිකව උන් වහන්සේ පියාණන් වහන්සේ සමග එක්සත් වූ සේක.

වැරදි උගන්වන ගුරුවරුන් පිළිබඳ අනතුරු ඇඟවීම්

4 ආදරණීය මිතුරුවරුනි, ඔබ එකම මනසකින් සිටින බව දැනගෙන, දැන් මම ඔබට මේ දේවල් ගැන උපදෙස් දෙමි, එහෙත් මිනිස් ස්වරූපයෙන් සිටින වන සතුන්ගෙන් කල්තියාම මම ඔබ ආරක්ෂා කරමි. ඔබ නොපිළිගත යුතුවා පමණක් නොව, හැකි නම්, ඔවුන් හමු නොවී සිටිය යුතුය. කෙසේ වෙතත්, එය දුෂ්කර වුවත්, ඔවුන් කෙසේ හෝ පසුතැවිලි වන ලෙස, ඔවුන් වෙනුවෙන් යාච්ඤා කරන්න. එහෙත් අපගේ සැබෑ ජීවිතය වන ජේසුස් ක්‍රිස්තුන් වහන්සේට මේ කෙරෙහි බලය ඇත.

ජේසුස් වහන්සේගේ සැබෑ දුක් විඳීමෙන් පොලඹවන ලද ප්‍රාණ පරිත්‍යාගය

2 මක්නිසාද යත් මේ දේවල් අපගේ ස්වාමින් වහන්සේ විසින් පෙනුමෙන් පමණක් සිදු කරන ලද්දේ නම්, මම පෙනුමෙන් පමණක් දම්වැල්වලින් බඳිනු ලැබ සිටිමි. එපමණක් නොව, මා මරණයට, ගින්නට, කඩුවට, තිරිසනුන්ට යටත් වී භාර වූයේ ඇයි? කෙසේ වෙතත්, "කඩුව අසල" යන්නෙහි තේරුම "දෙවියන් වහන්සේට සමීප" යන්නයි; "මෘගයන් සමඟ" යන්නෙහි තේරුම "දෙවියන් වහන්සේ සමඟ" යන්නයි. එය ජේසුස් ක්‍රිස්තුන් වහන්සේගේ නාමයෙන් පමණක් සිදු වේවා, එවිට මට උන් වහන්සේ සමඟ එක්ව දුක් විඳිය හැකිය! පරිපූර්ණ මනුෂ්‍යයා වන උන් වහන්සේම මට බලය දෙන නිසා මම ඒ සියල්ලම විඳ දරාගනිමි.

5 සමහර අය නොදැනුවත්වම උන් වහන්සේ ප්‍රතික්ෂේප කරති, නැතහොත් උන් වහන්සේ විසින් ප්‍රතික්ෂේප කරනු ලැබ සිටිති. මක්නිසාද යත් ඔවුන් සත්‍යයට වඩා මරණයට උපකාර කරන්නන් වන බැවිනි. අනාවැකි හෝ මෝසෙස්ගේ ව්‍යවස්ථාව ඔවුන්ට ඒත්තු ගැන්වූයේ නැත, මේ තාක් දුරට සුබ අස්න හෝ අපගේම පෞද්ගලික දුක් වේදනාවලින් ඔවුන ඒත්තු ගැන්වුණේ නැත; 2 මක්නිසාද යත් ඔවුනු අප ගැන ඒ දේම සිතති. යමෙකු මට ප්‍රශංසා කළත්, මාගේ ස්වාමින් වහන්සේ මාංසයෙන් සැරසී සිටි

බව ප්‍රකාශ නොකර උන් වහන්සේට අපහාස කළහොත් මට ඇති ප්‍රයෝජනය කුමක්ද? මෙය නොපිළිගන්නා ඕනෑම අයෙකු උන් වහන්සේ සම්පූර්ණයෙන්ම ප්‍රතික්ෂේප කරන අතර, එම පුද්ගලයා මළ සිරුරකින් සැරසී සිටින්නේය. 3 ඔවුන් නොඇදහිලිවන්තයන් බැවින්, ඔවුන්ගේ නම් සටහන් කිරීම වටින බව මම නොසිතමි. ඇත්ත වශයෙන්ම, අපගේ නැවත නැඟිටීම වන ආශාව සම්බන්ධයෙන් ඔවුන්ගේ අදහස වෙනස් කරන තෙක්, ඔවුන් සිහි තබා ගැනීම පවා මගෙන් දුරස් වේවා.

ව්‍යාජ ගුරුවරු සහ ව්‍යාජ විශ්වාස

6 කිසිවෙක් නොමඟ නොයත්වා. දෘශ්‍යමාන සහ අදෘශ්‍යමාන යන දෙඅංශයෙන්ම, ස්වර්ගීය ජීවීන් සහ දේවදූතයන්ගේ මහිමය සහ පාලකයන්, ඔවුනේ ක්‍රිස්තුන් වහන්සේගේ රුධිරය විශ්වාස නොකරන්නේ නම්, ඔවුනු විනිශ්චය කරනු ලබන්නෝය. මෙය පිළිගත හැකි තැනැත්තා එය පිළිගත යුතුය. උසස් තනතුරක් නිසා කිසිවෙකුටත් ආඩම්බර වීමට ඉඩ නොදෙන්න, මක්නිසාද යත් ඇදහිල්ල සහ ප්‍රේමය සියල්ලම වන බැවිනි. ඔවුන් කිසිවකට ආශා වන්නේ නැත.

2 දැන් අප වෙත පැමිණි ජේසුස් ක්‍රිස්තුන් වහන්සේගේ කරුණා අනුග්‍රහය පිළිබඳ මිථ්‍යාදෘෂ්ටික අදහස් දරන අය මෙය හොඳින් සැලකිල්ලට ගන්න; ඔවුන් දෙවියන් වහන්සේගේ මනසට කොතරම් පටහැණිද යන්න සැලකිල්ලට ගන්න. ඔවුන්ට ප්‍රේමය ගැන කිසිදු තැකීමක් නැත, වැන්දඹුව ගැන කිසි තැකීමක් නැත, අනාථයා ගැන කිසි තැකීමක් නැත, පීඩිතයා ගැන කිසි තැකීමක් නැත, සිරකරුවා හෝ නිදහස් වූ තැනැත්තා ගැන කිසි තැකීමක් නැත, කුසගින්නෙන් හෝ පිපාසයෙන් සිටින අය ගැන කිසි තැකීමක් නැත. ඔවුන් දිව්‍ය සත්ප්‍රසාද පූජාවෙන් සහ යාච්ඤාවෙන් වැළකී සිටින්නේ, එය අපගේ පාප වෙනුවෙන් දුක් විඳි සහ පියාණන් වහන්සේ තම යහපත්කමෙන් නැඟිටුවනු ලැබූ අපගේ ගැළවුම්කරුවාණන් වහන්සේ වන ජේසුස් ක්‍රිස්තුන් වහන්සේගේ මාංසය බව පිළිගැනීම ප්‍රතික්ෂේප කරන බැවිනි.

7 එබැවින් දෙවියන් වහන්සේගේ යහපත් දීමනාව ප්‍රතික්ෂේප කරන අය ඔවුන්ගේ විවාදශීලී බවෙන් විනාශයට පත් වෙති. ඔවුන්ද නැගිටින පිණිස ප්‍රේම කිරීම ඔවුන්ට වඩාත් ප්‍රයෝජනවත් වනු ඇත. 2 එබැවින්, එවැනි අයගෙන් වැළකී සිටීම සහ ඔවුන් ගැන පෞද්ගලිකව හෝ ප්‍රසිද්ධියේ කතා නොකිරීම සුදුසු වේ. කෙසේ වෙතත්, දිවැසිවරුන්ට සහ විශේෂයෙන් සුබ අස්නට අවධානය යොමු කරන්න, මක්නිසාද යත් එහි අපට දුක්විඳීම පැහැදිලි කර ඇති අතර නැවත නැගිටීම සම්පූර්ණත්වයට පත් වී ඇත.

රදගුරුවරයාට කීකරු වීම

8 නපුරේ ආරම්භය ලෙස සැලකෙන බෙදීම්වලින් පලා යන්න. ඔබ සෑම ජේසුස් ක්‍රිස්තුන් වහන්සේ පියාණන් වහන්සේ අනුගමනය කළ ආකාරයටම රදගුරුවරයා අනුගමනය කළ යුතුය. එසේම, ඔබ ප්‍රේරිතයන් අනුගමනය කරන ලෙසටම වැඩිමහල්ලන්ගේ මණ්ඩලය අනුගමනය කළ යුතුය; දෙවියන් වහන්සේගේ ආඥාව ලෙස උපස්ථායකයන්ට ගරු කරන්න. රදගුරුවරයා නොමැතිව කිසිවෙකුත් සභාවට සම්බන්ධ කිසිවක් නොකළ යුතුය. රදගුරුවරයාගේ (හෝ ඔහු විසින්ම නම් කරන ඕනෑම කෙනෙකුගේ) අධිකාරිය යටතේ ඇති එම දිව්‍ය සත්ප්‍රසාද පූජාව පමණක් වලංගු වූවක් ලෙස සැලකිය යුතුය. 2 ජේසුස් ක්‍රිස්තුන් වහන්සේ සිටින ඕනෑම තැනක කතෝලික සභාවද තිබෙන්නාක් මෙන් රදගුරුවරයා පෙනී සිටින ඕනෑම තැනක, සභාව එහි සිටිය යුතුය. රදගුරුවරයා නොමැතිව බව්තීස්ම ස්නාපනය කිරීමට හෝ ප්‍රේම මංගල්‍යයක් පැවැත්වීමට අවසර නැත. එහෙත් ඔහු අනුමත කරන ඕනෑම දෙයක් දෙවියන් වහන්සේට ප්‍රසන්න වේ, එසේ කිරීමෙන් ඔබ කරන සෑම දෙයක්ම විශ්වාසදායක සහ වලංගු බවටපත් වන පිණිසය.

9 අවසාන වශයෙන්, පසුතැවිලි වී දෙවියන් වහන්සේ වෙත හැරී ඒමට අපට තවමත් කාලය තිබියදී අපගේ සිහිකල්පනාවට නැවත පැමිණීම යුක්තිසහගතය. දෙවියන් වහන්සේ සහ රදගුරුවරයා පිළිගැනීම යහපත්ය. රදගුරුවරයාට ගෞරව

කරන තැනැත්තා දෙවියන් වහන්සේ විසින් ගෞරවයට පාත්‍ර කරනු ලැබ ඇත; රදගුරුවරයාගේ අනුදැනුමකින් තොරව ඕනෑම දෙයක් කරන තැනැත්තා යක්ෂයාට සේවය කරන්නේය.

සපයන ලද සේවාවන්ට කෘතඥ වීම

2 එබැවින්, සියල්ල ඔබට කරුණා අනුග්‍රහයෙන් බහුල ලෙස ලැබේවා, මක්නිසාද යත් ඔබ එසේ ලැබීමට වටිනා අයයි. ඔබ සෑම අතින්ම මා ප්‍රබෝධවත් කළ අතර, ජේසුස් ක්‍රිස්තුන් වහන්සේ ඔබ ප්‍රබෝධවත් කරනු ඇත. මා එහි නොසිටි විට සහ මා ඉදිරියෙහි සිටියදී ඔබ මට ප්‍රේම කළේනුය. දෙවියන් වහන්සේ ඔබේ විපාකයයි; ඔබ උන් වහන්සේ උදෙසා සියල්ල විඳ දරාගන්නෙනු නම්, ඔබ උන් වහන්සේ වෙත ළඟා වනු ඇත.

10 දෙවියන් වහන්සේ උදෙසා මා අනුගමනය කළ ෆිලෝ සහ රියාස් අගතොපස්, දෙවියන් වහන්සේගේ උපස්ථායකයන් ලෙස පිළිගැනීම ඔබ හොඳින් සිදු කළෙහිය. ඔබ සෑම ආකාරයකින්ම ඔවුන් ප්‍රබෝධවත් කළ බැවින් ඔවුහු ඔබ වෙනුවෙන් ස්වාමින් වහන්සේට ස්තුති කරති. ඔබට මෙයින් කිසිවක්ම අහිමි නොවනු ඇත! 2 මාගේ ආත්මය ඔබ වෙනුවෙන් මිදීමේ මිලයක් වේවා, මාගේ දම්වැල්ද එසේම වේවා, ඔබ ඒවා නොසලකා හැරියේ නැත, ඔබ ඒවා ගැන ලජ්ජා වූයේ නැත. පරිපූර්ණ බලාපොරොත්තුව වන ජේසුස් ක්‍රිස්තුන් වහන්සේ ඔබ ගැන ලජ්ජා නොවනු ඇත.

අන්තියෝකිය පිළිබඳ විස්තර

11 ඔබේ යාච්ඤාව සිරියාවේ අන්තියෝකියේ සභාවට ළඟා විය; දෙවියන් වහන්සේට ප්‍රසන්න දම්වැලින් බඳින ලදුව එහි සිට පැමිණි මම සියලු දෙනාටම ආචාර කරමි. මා ඔවුන්ගෙන් ඉතා සුළු තැනැත්තා වන නිසා, මා එහි සිටීමට සුදුසු නොවුවද එහි සිටියෙමි. කෙසේ වෙතත්, දිව්‍යමය කැමැත්තට අනුව මා ඒ සඳහා සුදුසු යැයි විනිශ්චය කරන ලද්දේ මගේම හෘදයසාක්ෂිය නිසා නොවේ. එහෙත් ඒ දෙවියන් වහන්සේගේ කරුණා

අනුග්‍රහයෙනි. ඔබේ යාච්ඤාවෙන් මට දෙවියන් වහන්සේ වෙත ළඟා විය හැකි වන පරිදි මට පරිපූර්ණ ලෙස කරුණා අනුග්‍රහය ලබා දෙන ලෙස මම යාච්ඤා කරමි. 2 එසේ කිරීමෙන්, පොළොවෙහි සහ ස්වර්ගයෙහි ඔබේ කාර්යය පරිපූර්ණ වන පිණිසය. ඔබේ සභාව දෙවියන් වහන්සේගේ ගෞරවය සඳහා සිරියාවට ගොස් ඔවුන්ට සුබ පැතීම සඳහා දේවභක්තික තානාපතිවරයෙකු පත් කිරීම සුදුසුය. මක්නිසාද යත් ඔවුන් සාමයෙන් සිටින අතර ඔවුන්ගේ නිසි පරිණත බව නැවත ලබා ඇති අතර ඔවුන්ගේ සාමූහික ජීවිතය එහි නිසි තත්වයට පත් වී ඇත. 3 එබැවින්, දෙවියන් වහන්සේගේ කැමැත්තෙන් ඔවුන් වෙත පැමිණ ඇති සාමය සහ සන්සුන් භාවය පිළිබඳ ගෞරවය ලබා දීම උදෙසා ඔබෙම සාමාජිකයෙකු ලිපියක් සමග යැවීම දෙවියන් වහන්සේට සුදුසු ක්‍රියාවක් ලෙස මට පෙනුණි. තවද, ඔබගේ යාච්ඤා තුළින්, ආරක්ෂිත වරායකට ළඟා වන නැවක් මෙන්, ඔවුන් දැන් ආරක්ෂිත ස්ථානයකට පැමිණ ඇති බැවිනි. ඔබ පරිපූර්ණ වන තරමටම, ඔබේ අභිප්‍රායන්ද පරිපූර්ණ බවට පත් වේවා, මක්නිසාද යත් ඔබට යහපත කිරීමට අවශ්‍ය නම්, දෙවියන් වහන්සේ ඔබට උදව් කිරීමට සූදානම්ව සිටින සේක.

පෞද්ගලික සුබ පැතුම් සහ සමුගැනීම පිළිබඳ අවසරය

12 ත්‍රෝවස්හි සහෝදර සහෝදරියන්ගේ ප්‍රේමය ඔබට ආචාර කරයි. එපිසවරුන් සහ ස්මර්ණාවේ අය විසින් මා සමග එවන ලද බුරස් තුළින් මම ත්‍රෝවසයේ සිට ඔබට ලියමි. ඔහු සියලු අංශවලින් මා ප්‍රබෝධවත් කර ඇත. සියල්ලන්ම ඔහු අනුකරණය කරන්නන් වුවා නම් යහපත්ය, මක්නිසාද යත් ඔහු දෙවියන් වහන්සේට සේවය කිරීමේ ආදර්ශයකි. කරුණා අනුග්‍රහය ඔහුට සෑම අතින්ම විපාක දෙනු ඇත. 2 දෙවියන් වහන්සේට ඉතා වටිනා රදගුරුවරයාට සහ දේවභක්තික වැඩිමහල්ලන්ගේ සභාවට සහ මාගේ සෙසු සේවකයන්ට, උපස්ථායකයන්ට සහ ඔබ සැමට, පෞද්ගලිකව සහ සාමූහිකව, ජේසුස් ක්‍රිස්තුන් වහන්සේගේ නාමයෙන් සහ උන් වහන්සේගේ මාංසය තුළ හා රුධිරය තුළ, උන් වහන්සේගේ දුක් විඳීමෙන් හා නැවත

නැගිටීමෙන් (එය ශාරීරික හා ආත්මික යන දෙඅංශයෙන්ම විය), දෙවියන් වහන්සේ සමඟ සහ ඔබ සමඟ එක්සත්ව මම ඔබට ආචාර කරමි. ඔබට සැමවිටම කරුණා අනුග්‍රහය, දයාව, සාමය, ඉවසීම ලැබේවා.

13 මගේ සහෝදරයන්ගේ ගෘහවාසීන්ට, ඔවුන්ගේ භාර්යාවන්ට සහ දරුවන්ට මම ආචාර කරමි, එසේම වැන්දඹුවන් ලෙස හඳුන්වන කන්‍යාවන්ට ආචාර කරමි. පියාණන් වහන්සේගේ බලයෙන් මම ඔබගෙන් සමුගනිමි. මා සමඟ සිටින ෆිලෝ ඔබට ආචාර කරයි. 2 මම ගාවියාගේ ගෘහවාසීන්ට ආචාර කරමි, එසේම ඇය ශාරීරිකව හා ආත්මිකව ඇදහිල්ලෙන් හා ප්‍රේමයෙන් ස්ථීරව පදනම් වේවා යැයි මම යාච්ඤා කරමි. මට ඉතා ආදරණීය අයෙකු වන ඇල්ස්ට ආචාර කරමි. අසමසම ඩැෆ්නස් සහ යුටෙක්නස් සහ අනෙක් සියල්ලන්ටම මම ආචාර කරමි. දෙවියන් වහන්සේගේ කරුණා අනුග්‍රහයෙන් ඔබගෙන් සමුගනිමි.

ඉග්නේෂස් පොලිකාර්ප් වෙත යැවූ ලිපිය

ආචාර්ය

ඉග්නේෂස් නම් ප්‍රතිරූපය දරන්නා විසින් ස්මර්ණාවෙහි සභාවෙහි රදගුරුවරයා වන පොලිකාර්ප් වෙත, නැතිනම් පියාණන් වහන්සේ වන දෙවියන් වහන්සේ සහ ස්වාමින් වන ජේසුස් ක්‍රිස්තුන් වහන්සේ තම රදගුරුවරයා ලෙස තබා ගන්නා තැනැත්තා වෙත: හෘදයාංගම සුබ පැතුම්.

1 නොසැලෙන පර්වතයක් මත පදනම් වූ ඔබගේ දේවභක්තික මනස මා කොතරම් අනුමත කරනවාද යත්, මාගේ ප්‍රශංසාව සියලු සීමාවන් ඉක්මවා යයි, මක්නිසාද යත් ඔබගේ නිර්දේශි මුහුණ දැකීමට මා සුදුසු යැයි විනිශ්චය කර ගණන් ගන්නා ලද බැවිනි. එයින් දෙවියන් වහන්සේ තුළ මට ප්‍රීතිය ලැබේවා.

රදගුරුවරයෙකු සඳහා සාමාන්‍ය උපදෙස්

2 ඔබ පැලද සිටින කරුණා අනුග්‍රහයෙන්, ඔබේ තරගයේ ඉදිරියටම ගොස්, සියලු මිනිසුන්ට ගැලවීම ලැබෙන පිණිස ඔවුන්ට උපදෙස් දෙන මෙන් මම ඔබෙන් ඉල්ලා සිටිමි. ශාරීරික හා ආත්මික කාරණා සම්බන්ධයෙන් නිරන්තර සැලකිල්ලෙන් යුක්තව ඔබේ තනතුරට සාධාරණය ඉටු කරන්න. එකමුතුකම කෙරෙහි අවධානය යොමු කරන්න, මක්නිසාද යත් එයට වඩා යහපත් දෙයක් ඇත්තේ නැත. ස්වාමින් වහන්සේ ඔබ ගැන ඉවසන්නාක් මෙන්, සියලු මිනිසුන් ගැන ඉවසන්න; ඔබ දැන් කරන ආකාරයටම ප්‍රේමයෙන් සියල්ල විඳ දරාගන්න. 3 නොකඩවම යාච්ඤා කිරීමට කැප වන්න; ඔබට තිබෙනවාට වඩා

වැඩි අවබෝධය ඉල්ලා යාච්ඤා කරන්න. නොසන්සුන් ආත්මයකින් යුතුව අවදියෙන් සිටින්න. දෙවියන් වහන්සේගේ ආදර්ශයට අනුකූලව, පෞද්ගලිකව ජනතාවට කතා කරන්න. පරිපූර්ණ ක්‍රීඩකයෙකු ලෙස, සියල්ලන්ගේ රෝග දරාගන්න. වැඩිපුර වැඩ ඇති තැන, බොහෝ ලාභ ඇත්තේය.

2 ඔබ යහපත් ශ්‍රාවකයන්ට ප්‍රේම කරන්නේ නම්, එය ඔබට ගෞරවයක් නොවේ; ඒ වෙනුවට මෘදුකමෙන් යුක්තව වඩාත් කරදරකාරී අය යටත්කම වෙත ගෙන එන්න. සෑම තුවාලයක්ම එකම ප්‍රතිකාරයකින් සුව නොවේ; සීතල ගතියෙන් දැවිල්ල සමනය කරන්න. 2 සෑම අවස්ථාවකදීම සර්පයෙකු මෙන් බුද්ධිමත් වන්න, එහෙත් සෑම විටම පරෙවියෙකු මෙන් අහිංසක වන්න. මේ හේතුව නිසා ඔබට භෞතික හා ආත්මික ස්වභාවයක් යන දෙකම ඇත. එවිට ඔබට ඉදිරියෙහි ඇති ඕනෑම දෙයකට මෘදු ලෙස සැලකිය හැකිය; එහෙත් නොපෙනෙන දේවල් ඔබට එළිදරව් වන පිණිස ඉල්ලා යාච්ඤා කරන්න, එවිට ඔබ කිසිවක් අඩු නොවී සෑම ආත්මික දීමනාවකින්ම බහුල වනු ඇත. 3 දෙවියන් වහන්සේ වෙත ළඟා වීමට කාලය ඔබ අවශ්‍ය වේ (ඒ ගුවන් නියමුවන්ට සුළං අවශ්‍ය වන අතර කුණාටුවකට හසු වූ නාවිකයෙකුට වරායක් අවශ්‍ය වන පරිදිය). දෙවියන් වහන්සේගේ ක්‍රීඩකයෙකු ලෙස සන්සුන් වන්න; ත්‍යාගය නම් නොදිරන බව සහ සදාකාල ජීවනයයි, ඒ පිළිබඳ ඔබ දැනටමත් ඒත්තු ගෙන සිටින්නනුය. සෑම අතින්ම මා ඔබ වෙනුවෙන් මිදීමේ මිලයක් වේවා, එසේම ඔබ ප්‍රේම කළ මාගේ බැඳුමිද එසේම වේවා.

අසත්‍යය උගන්වන ගුරුවරුන් සමඟ කටයුතු කිරීම

3 විශ්වාසවන්ත බව පෙනෙන්නට තිබුණාද, අමුතු ධර්මනියාමක උගන්වන අයට ඔබ අවුල් කිරීමට ඉඩ නොදෙන්න. මිටියකින් පහර දෙන විට අරමුණක් තිබෙන්නාක් මෙන් ස්ථිරව සිටින්න. තැලී තුවාල වී තව දුරටත් ජය ගැනීම වූ කලි ශ්‍රේෂ්ඨ ක්‍රීඩකයෙකුගේ ලකුණකි. එහෙත් විශේෂයෙන් දෙවියන් වහන්සේ උදෙසා, අප ඉවසිලිවන්තව සියල්ල විඳ දරාගත යුතුය. එසේ කිරීමෙන් උන් වහන්සේද අප ගැන දරාගත හැකි වනු ඇත. 2

ඔබ සිටිනවාට වඩා කඩිසර වන්න. කාලය අවබෝධ කරගන්න. කාලයට වඩා ඉහළින් සිටින තැනැන් වහන්සේ පැමිණෙන තුරු බලා සිටින්න; සදාකාලික, අදෘශ්‍යමාන, අප වෙනුවෙන් දෘශ්‍යමාන වූ; දුක් නොවිඳින, අප වෙනුවෙන් දුක් විඳි, අප වෙනුවෙන් සැම ආකාරයකින්ම විඳ දරාගත්, අල්ලා බැලීමට නොහැකි තැනැන් වහන්සේ එන තුරු බලා සිටින්න.

දුර්වලයන් ආරක්ෂා කිරීම

4 වැන්දඹුවන් නොසලකා හැරීමට ඉඩ නොදෙන්න. ස්වාමින් වහන්සේගෙන් පසුව, ඔබ ඔවුන්ගේ භාරකරුවන් වන්න. ඔබේ කැමැත්තෙන් තොරව කිසිවක් නොකරන්න. එසේම ඔබ ඇත්තෙන්ම සිදු නොකරන ආකාරයට, දෙවියන් වහන්සේගේ කැමැත්තෙන් තොරව ඔබම කිසිවක් නොකරන්න. ස්ථීරව සිටින්න. 2 රැස්වීම් නිතර නිතර පවත්වනු ලැබේවා; සියල්ලන් නමින් සොයන්න. 3 පුරුෂයෙකු හෝ ස්ත්‍රියක වේවා, වහලුන්ට අවමන් සහගත ලෙස නොසලකන්න, එහෙත් ඔවුන්ට උඩඟු වීමට ඉඩ නොදෙන්න; ඒ වෙනුවට, දෙවියන් වහන්සේගෙන් වඩා යහපත් නිදහසක් ලබා ගැනීම සඳහා, ඔවුන් දෙවියන් වහන්සේගේ මහිමය සඳහා වඩාත් විශ්වාසවන්තව සේවය කිරීමට ඉඩ හරින්න. ඔවුන් තෘෂ්ණාවේ වහලුන් ලෙස නොපෙනෙන පිණිස, සභාවේ වියදමින් නිදහස් වීමට ඔවුන්ට දැඩි ආශාවක් නොතිබිය යුතුය.

විවාහක අයගේ යුතුකම්

5 දුෂ්ට ක්‍රියාවලින් පලා යන්න; ඒවා ගැන දේශනාවක් කිරීම එයට වඩා යහපත්ය. ස්වාමින් වහන්සේට ප්‍රේම කරන ලෙසත්, ශාරීරිකව හා ආත්මිකව තම ස්වාමි පුරුෂයන්ගෙන් සෑහීමට පත් වන ලෙසත් මාගේ සහෝදරියන්ට පවසන්න. එලෙසම, ජේසුස් ක්‍රිස්තුන් වහන්සේගේ නාමයෙන් මාගේ සහෝදරයන්ට ස්වාමින් වහන්සේ සභාවට ප්‍රේම කරන ආකාරයටම තම භාර්යාවන්ට ප්‍රේම කරන ලෙස ජේසුස් ක්‍රිස්තුන් වහන්සේගේ නාමයෙන් මාගේ සහෝදරයන්ට අණ කරන්න. 2 යමෙකුට

ස්වාමින් වහන්සේගේ මාංසයේ ගෞරවය සඳහා නිර්මලව සිටීමට හැකි නම්, ඔහු පුරසාරම් දෙන්නේ නැතිව එසේ සිටීවා. ඔහු පුරසාරම් දෙන්නේ නම්, ඔහු පරාජයට පත් වී ඇත. එය රදගුරුවරයා හැරුණුකොට වෙනත් කෙනෙකු දැනගතහොත්, ඔහු විනාශ වී ඇත. විවාහ වන පුරුෂයන් සහ කාන්තාවන් රදගුරුවරයාගේ කැමැත්ත ඇතිව එක්සත් වීම සුදුසුය, එවිට විවාහය කාම තෘෂ්ණා නිසා නොව ස්වාමින් වහන්සේට අනුකූල ලෙස සිදු විය හැකිය. සියල්ල දෙවියන් වහන්සේගේ ගෞරවය සඳහා සිදු කරනු ලැබේවා.

රදගුරුතුමාට කීකරු වීම; සමගියෙන් කටයුතු කිරීම

6 දෙවියන් වහන්සේ ඔබ කෙරෙහි අවධානය යොමු කරන පිණිස, රදගුරුවරයාට අවධානය යොමු කරන්න. රදගුරුවරයාට, වැඩිමහල්ලන්ට සහ උපස්ථායකයන්ට කීකරු වන අය වෙනුවෙන් මම මිදීමේ මිලයක් වෙමි; දෙවියන් වහන්සේ ඉදිරියෙහි ඔවුන් අතර ස්ථානයක් ලබා ගැනීමට මට අවසර ලැබේවා! දෙවියන් වහන්සේගේ කළමනාකරුවන්, සහායකයන් සහ සේවකයන් ලෙස එකිනෙකා සමග එකට පුහුණු වන්න: එකට තරග කරන්න, එකට දුවන්න, එකට දුක් විඳින්න, එකට විවේක ගන්න, එකට නැගිටින්න. 2 ඔබ සොල්දුවන් ලෙස සේවය කරන අය, ඔබ ඔබේ වැටුප් ලබා ගන්නා තැනැත්තා සතුටට පත් කරන්න. ඔබෙන් කිසිවෙකු පලා යන අයෙකු ලෙස නොසලකනු ලැබේවා. ඔබේ බෞතීස්ම ස්නාපනය පලිහක් ලෙසද, ඇදහිල්ල හිස්වැස්මක් ලෙසද, ප්‍රේමය හෙල්ලයක් ලෙසද, විඳ දරාගැනීම සන්නාහයක් ලෙසද සේවය කරාවා. ඔබේ ක්‍රියා ඔබේ තැන්පතු වේවා, එවිට ඔබට ලැබිය යුතු ඉතිරි කිරීම් අවසානයේදී ඔබට ලැබෙනු ඇත. එබැවින් දෙවියන් වහන්සේ ඔබ සමග සිටින බැවින් ඉවසිලිවන්තව හා එකිනෙකා සමග මෘදු බවින් යුතුව කටයුතු කරන්න. මට සැමවිටම ඔබ තුළ ප්‍රීතිය ලැබේවා.

අන්තියෝකියට නියෝජිතයෙකු යැවීම සඳහා ඉල්ලීමක්

7 (මට දන්වා ඇති පරිදි) සිරියාවේ අන්තියෝකියේ සභාව ඔබගේ යාච්ඥාව තුළින් සාමයෙන් සිටින බැවින්, දෙවියන් වහන්සේ විසින් දෙන ලද කාංසාවෙන් නිදහස් වීමෙන් මම වඩාත් දිරිමත් වී සිටිමි_ඇත්ත වශයෙන්ම, දුක් වේදනා තුළින් මම දෙවියන් වහන්සේ වෙත ළඟා වන්නෙමි. එසේ කිරීමෙන් මා ඔබේ යාච්ඥාව තුළින් ශ්‍රාවකයෙකු බව ඔප්පු වනු ඇත. 2 පොලිකාප් (ඔබ දෙවියන් වහන්සේගෙන් කොතරම් ආශිර්වාද ලද්දෙක්ද!), දෙවියන් වහන්සේට වඩාත්ම ප්‍රසන්න වන මන්ත්‍රණ සභාවක් කැඳවීම සහ ඔබ විශේෂයෙන් ආදරණීය සහ අධිෂ්ඨානශීලි යැයි සලකන, දෙවියන් වහන්සේගේ පණිවිඩකරු ලෙස හැඳින්වීමට සුදුසුකම් ලත් කෙනෙකු පත් කිරීම නිසැකවම සුදුසුය; දෙවියන් වහන්සේගේ මහිමය සඳහා ඔබේ අධිෂ්ඨානශීලි ප්‍රේමය මහිමයට පත් කිරීම සඳහා ඔහු සිරියාවට යාමට ආලේප කරන්න. 3 කිතුනුවෙකු ලෙස කෙනෙකුට තමා කෙරෙහිම බලයක් නැත, එහෙත් ඒ වෙනුවට ඔහු දෙවියන් වහන්සේට කැපවී සිටියි. මෙය දෙවියන් වහන්සේගේ කාර්යය වන අතර, ඔබ එය සම්පූර්ණ කළ විට එය ඔබගේ කාර්යයද වනු ඇත. මක්නිසාද යත් කරුණා අනුග්‍රහයෙන්, ඔබ දෙවියන් වහන්සේගේ සේවයේ යහපත් කාර්යයකට සුදනම්ව සිටින බව මම විශ්වාස කරමි. සත්‍යය සඳහා වන ඔබේ දැඩි ආශාව දැනගෙන, මම ඔබට කෙටියෙන් පමණක් අනුශාසනා කළෙමි.

පෞද්ගලික සුබ පැතුම් සහ සමුගැනීම පිළිබඳ අවසරය

8 දිව්‍යමය කැමැත්ත අණ කරන පරිදි, මා ඉක්මනින්ම ත්‍රෝවසයේ සිට නෙයාපොලිස දක්වා යාත්‍රා කරන බැවින්, සියලු සභාවලට ලිවීමට මට නොහැකි වී ඇත. එබැවින් දෙවියන් වහන්සේගේ මනස ඇති කෙනෙකු ලෙස, මේ ප්‍රදේශයේ තිබෙන සභාවලට එසේ කිරීමට හැකි වන පරිදි ඔබ ලියා යැවිය යුතුය. පණිවිඩකරුවන් යැවිය හැකි ඒවාට පණිවිඩකරුවන් යැවිය

යුතුය. අනෙක් ඒවාට ඔබ යවන පණිවිඩකරුවන් තුළින් ලිපි යැවිය යුතුය. එසේ කිරීමෙන් සදාකාලික ක්‍රියාවකින් ඔබ මහිමයට පත් වනු ඇත. මක්නිසාද යත් ඔබ එවැනි දෙයක් කිරීමට සුදුසු අයෙකි.

2 එපිත්‍රොපස්ගේ වැන්දඹුව ඇතුළු ඇගේ මුළු පවුල සහ දරුවන් ඇතුළුව සියලු දෙනාටම මම නමින් ආචාර කරමි. මාගේ ආදරණීය මිතුරිය වන අත්තාලස්ට මම ආචාර කරමි. සිරියාවට යාමට නියමිත ආලේපය ලබන තැනැත්තාට මම ආචාර කරමි. කරුණා අනුග්‍රහය සැමවිටම ඔහු සමගත්, ඔහු එවන පොලිකාප් සමගත් වේවා. 3 අපගේ දෙවියන් වන ජේසුස් ක්‍රිස්තුන් වහන්සේ තුළ මම ඔබගෙන් සැමවිටම සමුගන්නෙමි. ඔබ උන් වහන්සේ තුළ සහ දෙවියන් වහන්සේගේ එකමුතුකම හා සැලකිල්ල තුළ රැඳී සිටිවා. මට ඉතා ආදරණීය නාමයක් වන ඇල්ස්ට මම ආචාර කරමි. ස්වාමින් වහන්සේ තුළ සමුගනිමි.

9 781960 840479